Betriebswirtschaftlicher Verlag Dr. Th. Gabler, Wiesbaden
Veröffentlicht unter der Zulassungsnummer US-W-2033 der Nachrichtenkontrolle der Militärregierung — Herausgeber: Dr. R. Sellien. — A 5000.

Einführung

in die

Rechtswissenschaft

Von

DR. FRIEDRICH GIESE

em. o. ö. Professor an der Universität Frankfurt a. M.

SPRINGER FACHMEDIEN WIESBADEN GMBH

ISBN 978-3-663-14698-8 ISBN 978-3-663-14786-2 (eBook)
DOI 10.1007/978-3-663-14786-2

Inhaltsübersicht

Dritter Teil

Rechtszweige

Vorwort

Die „Einführung in die Rechtswissenschaft“ hat eine doppelte Aufgabe. Einerseits soll sie als Allgemeine Rechtslehre das Wesen der Rechtsvorschriften und die Bedeutung der Rechtswissenschaft aufzeigen. Anderseits soll sie als Rechtsenzyklopädie einen Überblick über die verschiedenen Rechtszweige geben und die einzelnen Rechtsdisziplinen nach Gegenstand und Bedeutung kurz kennzeichnen.

Die nachfolgende Darstellung sucht beiden Aufgaben gerecht zu werden. Sie berücksichtigt in gleicher Weise den Bedarf der Studierenden der Rechtswissenschaft wie der Wirtschafts- und Sozialwissenschaften, möchte aber darüber hinaus auch den Hörern und Besuchern anderer Hochschulen nützlich, nicht zum letzten allen Benutzern auch zur schnellen Wiederholung des Stoffes vor der Abschlußprüfung dienlich sein.

Die Darstellung erstrebt demgemäß vor allem Vollständigkeit, Übersichtlichkeit und Klarheit; für weitere Vertiefung bildet sie den andeutenden Rahmen, dessen Ausfüllung dem Vortrag des Dozenten und dem Studium der Einzeldarstellungen überlassen bleiben muß.

Friedrich Giese

Literaturauswahl

I. Juristische Allgemeinbildung

Coing, die obersten Grundsätze des Rechts. Heidelberg 1947.

von Hippel, Vorbedingungen einer Wiedergesundung heutigen Rechtsdenkens. Marburg 1947.

von Jhering, Der Zweck im Recht. 2 Bände. Leipzig 1904/5.

von Jhering-Lenel, Die Jurisprudenz des täglichen Lebens. Eine Sammlung an Vorfälle des gewöhnlichen Lebens anknüpfender Rechtsfragen. Jena 1897.

Krueckmann-Friedrichs, Rechtsatlas. 4. Auflage. Leipzig 1910.

Sauer, Juristische Elementarlehre. Basel 1944.

Richard Schmidt, Urkunden aus allen Gebieten des Rechtslebens. 2. Auflage 1914.

Erik Wolf, Große Rechtsdenker der deutschen Geistesgeschichte. 2. Auflage. Tübingen 1944.

II. Einführungen

Fischer, Einführung in die Wissenschaft von Recht und Staat. München 1920.

Hedemann, Einführung in die Rechtswissenschaft. 2. Auflage. Berlin und Leipzig 1927.

Kohler, Einführung in die Rechtswissenschaft. 5. Auflage. Leipzig 1919.

Merkel, Juristische Enzyklopädie. 6. Auflage. Berlin 1920.

Radbruch, Einführung in die Rechtswissenschaft. 7. und 8. Auflage. Leipzig 1929.

Reinhardt, Deutsches Recht, Marburger Gemeinschaftsarbeit. 2. Auflage. Marburg 1944.

Richard Schmidt, Einführung in die Rechtswissenschaft. 2. Auflage. Leipzig 1923.

Schoenke, Einführung in die Rechtswissenschaft. 2./3. Auflage. Karlsruhe 1947.

Sternberg, Einführung in die Rechtswissenschaft. Eerlin u. Leipzig 1931.

III. Enzyklopädien

Systematische Rechtswissenschaft, in Hinneberg's „Die Kultur der Gegenwart". 2. Auflage. 1913.

von Holtzendorff-Kohler, Enzyklopädie der Rechtswissenschaft. 5. Auflage. 1913 bis 1915.

Kohlrausch-Peters-Spiethoff, Enzyklopädie der Rechts- und Staatswissenschaft. 1922 ff.

Stammler, Das Gesamte deutsche Recht in systematischer Darstellung. 1931 ff.

Stier-Somlo und Elster, Handwörterbuch der Rechtswissenschaft. 7 Bände, 1926—1931.

Wohin soll es nun gehn?
Wohin es dir gefällt!
Wir sehn die kleine,
dann die große Welt.

Goethe, Faust I.

1. Kapitel

Das Arbeitsfeld

Die Rechtswissenschaft ist eine Geisteswissenschaft. Sie ist wie die meisten anderen Geisteswissenschaften anschauungslos. Sie ist ferner nach Gegenstand und Methode dem akademischen Anfänger ziemlich unbekannt. Beide Eigenarten bereiten dem Lernenden, aber auch dem Lehrenden besondere Schwierigkeiten. Deshalb erscheint es angezeigt, vorweg das Arbeitsgebiet dieser Wissenschaft an Beispielen kurz aufzuzeigen.

A. Wo lebt und wirkt das Recht?

Nur in — aber in allen — menschlichen Verbänden. Ubi societas, ibi ius est (Wo Gemeinschaft ist, da ist Recht). Jeder Verband hat eine Rechtsordnung, diese besteht aus den Rechtsvorschriften. Es gibt Verbände für das Individiualinteresse der einzelnen (I) und Verbände für das Sozialinteresse der Gesamtheit (II).

I. Private Verbände der „Kleinen Welt"

a) Ohne Gesamt-Rechtsfähigkeit: Ehe, Familie, Sippe (Verwandtschaft, Schwägerschaft), Gesellschaft, nichtrechtsfähiger Verein, Erbengemeinschaft, Offene Handelsgesellschaft, Kommanditgesellschaft, Reederei, Studentenkorporation, Kasino, Club, Wählerschaft.

b) Mit Gesamt-Rechtsfähigkeit: E. V. (eingetr. Verein), Stiftung, Aktiengesellschaft, G. m. b. H., eingetr. Genossenschaft, Kartell, Trust.

II. Öffentliche Verbände der „Großen Welt"

a) Staat: Land, Reich, Staatenbund, Bundesstaat.

b) Innerhalb des Staates:
   1. die öff.-rechtl. Körperschaften, Anstalten, Stiftungen;
   2. insbesondere die Selbstverwaltungskörper: Kommunale (Gemeinden, Gemeindeverbände, Zweckverbände), wirtschaftliche (Wassergenossenschaft, Handwerkskammer, Innung), soziale (Ortskrankenkasse, Berufsgenossenschaft, Fürsorgeverband), kulturelle (einige Hochschulen);

c) Außerhalb des Staates:
   1. Kirchen und ihre Unterverbände, z. B. Bistum, Synodalverband;
   2. Internationale Verbände: Zweckverbände, Zollverein, Dreibund, Völkerbund, Vereinte Nationen (UN).

B. Wen geht das Recht an?

I. Nur Lebewesen!

Nicht tote Gegenstände — mögen sie auch rechtserheblich erscheinen wie Gesetzestafeln, Gesetzbücher, Vertragsurkunden, Schuldscheine usw. „Recht" lebt nicht in der Natur, sondern nur im Bewußtsein lebender Wesen. „Naturgesetze" sind keine Rechtsgesetze.

II. Nur Menschen,

nicht Tiere! Auch bei Tieren gewahren wir Gemeinschaften, Ordnungen, Regeln. Wir sprechen sogar von Storchenfamilie, Bienenvolk, Ameisenstaat. Diese Ordnungen und Regeln beruhen aber auf Naturgesetz und Instinkt, nicht auf bewußter Vorstellung und planvoller Gestaltung. Nur die Menschen leben nach Regeln, die bewußtem Denken, Fühlen und Wollen entspringen. So die heutige Auffassung; im Mittelalter gab es auch Tierprozesse.

III. Nur gesellige Menschen!

a) Für den isolierten Menschen fehlen Rechtsbedürfnis, Rechtsanlaß, Rechtsmöglichkeit. Robinson unterstand keiner Rechtsordnung, war nicht an Rechtsvorschriften gebunden, besaß keine „Rechte". Für ihn gab es nicht Eigentum, Aneignung, Fundunterschlagung, Wahlrecht, Religionsfreiheit, Polizei- und Steuerpflicht. Auch der zweite Mensch ließ nur ein Gewalt-, kein Rechtsverhältnis entstehen; vgl. Adam und Eva im Paradies.

b) Anders erst beim geselligen Menschen. Jeder Mensch ist ein geselliges Wesen, von natürlichem Geselligkeitstrieb erfüllt, daher Verbänden zugehörig. Diese Verbandszugehörigheit begründet Möglichkeiten, Anlaß und Bedürfnis nach Ordnung für die Lebensverhältnisse der Verbandsgenossen, namentlich für den Ausgleich ihrer widerstreitenden Interessen untereinander und mit der Gesamtheit. Diesen Ausgleich gewährleistet die Ordnung durch Regeln für das Verhalten der Verbandsmitglieder zueinander und zur Gesamtheit, aber auch über Einrichtung und Wirksamkeit des Verbandes selbst, dessen Verbandsgewalt die Befolgung jener Regeln sichert.

IV. Nur freie Menschen!

a) Unfrei, nicht rechtsfähig waren früher die Sklaven. Die Unfreiheit war eine Rechtseinrichtung auch des römischen und des altdeutschen Rechts. Unfreie waren, mochten sie auch als Sachwerte pfleglich behandelt werden, rechtlich Sachen, Rechtsobjekte. Nur Freie waren Personen, Rechtssubjekte. Nach heutigem Recht sind alle Menschen frei, rechtsfähig, Rechtsträger. BGB. § 1.

b) Frei sind nur willensfreie Menschen. Der philosophische Streit zwischen Deterministen und Indeterministen kann für das Gebiet des Rechts nur in letzterem Sinne entschieden werden. Das Recht setzt willensfreie Menschen voraus. Nur für Menschen, die nach Beweggründen und selbständigem Entschluß handeln, ist das ge- und verbietende Recht, vor allem das Strafrecht zu verstehen und zu rechtfertigen. Der Determinismus würde die Strafbefugnis und überhaupt die ganze Rechtsordnung untergraben. StGB. § 51.

V. Alle Menschen!

a) Die Rechtsordnung spricht mit ihren Rechtsvorschriften jedermann dauernd an und steht umgekehrt jedermann ständig zur Verfügung. Das Recht begleitet den Menschen von der Geburt, ja von der Zeugung an — nasciturus pro iam nato habetur (Der zu Gebärende wird als schon Geborener angesehen) — sein ganzes Leben hindurch bis zum Tode, vereinzelt sogar darüber hinaus (Steuerpflicht). Die Vorschriften des Rechts wollen befolgt sein, können aber auch genutzt werden.

b) Manche Menschen haben sich darüber hinaus berufsmäßig mit dem Recht zu befassen. Dies kann geschehen:

1. n i c h t a m t l i c h, sei es aus realen (Erwerbs-)Gründen — so beim Journalisten, Rechtsanwalt, Vermögensverwalter, Syndikus in Landwirtschaft, Handel, Gewerbe oder Industrie —, sei es aus idealen Gründen mit nebenhergehender Möglichkeit (jedoch nicht großer Wahrscheinlichkeit) des Erwerbs; so beim forschenden Privatgelehrten, beim wissenschaftlichen Schriftsteller.
2. A m t l i c h handhaben das Recht entweder
   aa) m i t B e a m t e n e i g e n s c h a f t als beamtete Amtsträger der Richter, Staatsanwalt, Notar, Gerichtsvollzieher, Regierungsrat, Landrat, Bürgermeister, Verwaltungsrichter, Handelskammersyndikus, Pfarrer (wenn verwaltend), Professor (Recht erforschend und lehrend) usw., oder
   bb) o h n e B e a m t e n e i g e n s c h a f t als unbeamtete Amtsträger der Schiedsmann, Nachlaßverwalter, Testamentsvollstrecker, Konkursverwalter, Schöffe usw.

C. Was regelt das Recht?

Nur r e c h t s e r h e b l i c h e D i n g e. Aus der Fülle der Lebensverhältnisse der Menschen und ihrer Verbände wird nur ein Ausschnitt vom Rechte erfaßt. Doch ist die Grenze zwischen rechtlich unerheblichen und erheblichen Vorgängen flüssig, so namentlich bei den Erscheinungen der kleinen Welt des täglichen Lebens.

I. Kleine Welt

Ihre rechtserheblichen Vorgänge knüpften an die Privatperson an; hier reguliert, beschränkt und fördert das Recht die persönlichen Belange der Privatperson im Verkehr mit anderen Privatpersonen.

a) Für jedermann erheblich ist das personenrechtliche S e i n, das sachenrechtliche H a b e n, das schuldrechtliche S o l l e n.
   1. Rechtserhebliches S e i n: Geburt, Altersstufen, Tod. Vereinsgründung, -mitgliedschaft, -vorstandschaft. Verlobung und Eheschließung, Scheidung. Natürliche und künstliche Kindschaft. Vormundschaft. Erben und Vermächtnisnehmer. (Relativ) unerheblich: Altsein, Kranksein, Taubsein, Rauchersein, Blondsein, Barttragen.
   2. Rechtserhebliches H a b e n: Besitz und Eigentum. Recht an eigenen und an fremden Sachen, Pfandrecht und Hypothek. Materielles und immaterielles Güterrecht. Urheber- und Patentrecht. Erbrechtserwerb. Unerheblich: Bibliothekbesitz? Hundehalter?
   3. Rechtserhebliches S o l l e n: Kraft Schuldverhältnissen wie Bahnfahrt (noch kleine Welt?), Gasthof und Wirtschaft, Zimmermiete, Bücherkauf, Scheckbuch, Verlust und Auslobung, Deliktshaftung, Zahnarzt, Krankenhaus. Unerheblich: Mitfahrt im Auto des Freundes?
b) Wer dem Handelsstand angehört, unterliegt darin teils strengeren, teils milderen Sondervorschriften. Beispiele: Einzelkaufmann und Handelsgesellschaft. Geschäft und Firma. Guter Glaube, Bürgschaft. Handelskauf, Frachtgeschäft, Seehandel.

II. Übergänge

a) Einzelbeispiele: Rechtsgeschäfte nur kraft öffentlicher Beurkundung. Kauf nur mit Bezugschein. Lebensmittel nur auf Karten. Zuzug nur mit Genehmigung. Wohnungsbewirtschaftung. Bahnfahrt nur mit Erlaubnis. Behördenangestellte.

b) Die Schwelle von der „Kleinen" zur „Großen" Welt wird besonders deutlich bei der Tätigkeit der Gerichte. Hier offenbart sich ein dem Einzelwillen übergeordneter Gesamtwille, ein dem Einzelinteresse vorgehendes Gemeininteresse. So schon bei der nichtstreitigen Gerichtsbarkeit (z. B. Grundbuch-, Nachlaß-, Registersachen), stärker bei der streitigen Zivil-, vollends bei der Straf- und Verwaltungsgerichtsbarkeit. Das Gerichtswesen gewährt Rechtsschutz 1. dem Bürger gegen den Bürger, 2. dem Staat gegen den Bürger, 3. dem Bürger gegen den Staat.

1. Bürger gegen Bürger:
   Im Zivilprozeß werden von den bürgerlichen Gerichten (Zivilgerichten) bürgerliche Rechtsstreitigkeiten (z. B. Vertragserfüllung, Schadensersatz, Ehescheidung) auf Betreiben des Klägers mit hoheitlicher Wirkung für beide Parteien geprüft und entschieden. An das Erkenntnisverfahren schließt sich erforderlichenfalls das Vollstreckungsverfahren.

2. Staat gegen Bürger:
   Im Strafprozeß wird auf Betreiben der Staatsanwaltschaft der Strafanspruch des Staates gegen einen Bürger wegen einer strafbaren Handlung vom zuständigen Strafgericht geprüft und entschieden, sodann durch die Staatsanwaltschaft gemäß dem Urteil vollzogen.

3. Bürger gegen Staat:
   Im Verwaltungsprozeß bietet der Staat die Möglichkeit richterlicher Nachprüfung und Entscheidung von Verwaltungsstreitsachen, d. h. von Fällen, in denen der Bürger sich durch Verwaltungsakte (z. B. Polizeiverfügung, Steuerbescheid, Konzessionsversagung) in seinen Rechten verletzt glaubt.

III. Große Welt

Wir überschreiten nun die Schwelle und betreten die „Große Welt" der öffentlichen Verbände, zuhöchst des Staates. Das Kennzeichen der großen Welt ist der übergeordnete hoheitliche Wille des Verbands zwecks Wahrung der überragenden Gemeinschaftsinteressen der Gesamtheit aller Verbandsgenossen: Sozialwille, Sozialinteresse.

a) Das wichtigste politische Gemeinwesen ist der Staat. Staatlichkeit war früher in Deutschland im Reich und in den Ländern (Bundesstaat), zuletzt nur noch im Reich (Einheitsstaat), gegenwärtig nach dem Zusammenbruch des Reiches ist sie bloß noch in den Einzelstaaten verkörpert. Rechtserheblich sind Einrichtung und Tätigkeit des Staates.

1. Verfassung ist formell das Grundgesetz, materiell die Grundordnung des Staates.
   Das Verfassungsrecht regelt:
   die Elemente des Staates (Gebiet, Volk, Gewalt),
   die äußere Staatsform (ob einheitlicher oder zusammengesetzter Staat),
   die innere Staatsform (ob Monarchie oder Republik; im bisherigen Deutschland die geschichtliche Reihenfolge Fürstenstaat, Freistaat, Führerstaat),

die Regierungsform (in historischer Folge Absolutismus, Konstitutionalismus, Parlamentarismus),
die obersten Staatsorgane (Volksvertretung, Regierung, Staatsoberhaupt),
das parlamentarische Wahlrecht (Mehrheits- oder Verhältniswahl),
die obersten Staatsfunktionen (Gewalteneinheit oder Gewaltenteilung; Rechtsetzung, Rechtspflege und Vollziehung),
das staatsrechtliche Verhältnis zwischen dem Staatsbürger und dem Staatsverband (Staatsangehörigkeit, Grundrechte, Grundpflichten).

2. Verwaltung i. w. S. umfaßt auch die oberste Staatsleitung. Das Verwaltungsrecht i. e. S. regelt die Organisation der vollziehenden Gewalt, ihre Behörden und Beamten, ihre Aufgaben und Befugnisse, nicht zum letzten ihr Verhältnis zu den Bürgern und deren Pflichten und Rechte gegenüber der Verwaltung. Verwaltet wird nicht nur im Staat, sondern in allen dem Staate eingegliederten und der Staatsgewalt nachgeordneten öffentlichen Verbänden, deren wichtigste die Selbstverwaltungskörper sind.

3. Rechtspflege ist die grundsätzliche Aufgabe und hauptsächliche Tätigkeit der Justizbehörden, besonders der ordentlichen und besonderen Gerichte. Auf die Dreiteilung in Zivil-, Straf- und Verwaltungsgerichtsbarkeit wurde bereits oben zu II. hingewiesen.

b) Nur räumlich innerhalb des Staates, nimmt die Kirche als öffentlicher Verband eigener Art eine Sonderstellung ein. Die Kirchen sind in staatsähnlicher Weise organisiert. Vor allem ist die katholische Kirche mit dem Staat, eine evangelische Landeskirche mehr mit den Selbstverwaltungskörpern vergleichbar. Besondere Rechtsbeziehungen bestehen im Verhältnis zwischen Staat und Kirche.

c) Außerhalb des Staates bildet die Völkerrechtsgemeinschaft, die ganz große Welt des internationalen Staatenverbandes, das höchste irdische Rechtsgebilde. Seine Ordnung beruht zwar nicht auf überstaatlichem, aber immerhin auf außerstaatlichem, nämlich zwischenstaatlichem Recht.

Abschließend können wir mit der grundlegenden tatsächlichen Unterscheidung von kleiner und großer Welt auch schon die ebenso grundlegende, im „Dritten Reich“ zu Unrecht bekämpfte rechtliche Unterscheidung von privatem und öffentlichem Recht vorläufig am besten veranschaulichen.

Erster Teil

Rechtsordnung

2. Kapitel

Rechtsvorschriften

Man unterscheide „r e c h t" = richtig (Gegensatz „unrecht" = unrichtig) als gemeingültiges Werturteil über menschliches Verhalten — und „R e c h t" = Norm (Gegenteil: andere Kulturnormen) als Maßstab für äußeres Verhalten menschlicher Verbandsgenossen. Dieser Rechtsbegriff umfaßt die Rechtsvorschrift (Recht im objektiven Sinne) und die Rechtsbefugnis (Recht im subjektiven Sinne). Uns beschäftigt hier nicht das metajuristische „recht", sondern nur das juristische „Recht", und zwar zunächst nur das objektive Recht, später erst das subjektive Recht.

Merksatz: „Wer nicht wählt, handelt nicht r e c h t , aber er verletzt nicht d a s R e c h t , denn er braucht s e i n R e c h t nicht auszuüben".

A. Rechtsinhalt

Die in jedem menschlichen Verband, vor allem im Staat, wirksame Rechtsordnung besteht aus einer Fülle einzelner Rechtsvorschriften. Besondere Gruppen dieser Rechtsvorschriften wenden sich direkt an die natürlichen und juristischen Personen, ihnen entweder Pflichten auferlegend oder Berechtigungen zuerkennend. Hieraus ergibt sich die Unterscheidung von Befehlsnormen und Gewährungsnormen. Daneben steht als Sondergruppe ohne Beziehung zu Personen die der rechtserhebliche Vorgänge oder Zustände beschreibenden Aussagenormen. So gliedern sich die gesamten Rechtsnormen in Aussagenormen, Befehlsnormen und Gewährungsnormen. Aus letzteren ergeben sich auch die subjektiven Rechte.

Daß dem einzelnen die Befehlsnormen am fühlbarsten sind, läßt besonders der fremde Sprachgebrauch erkennen (ius von iussum [iubere = befehlen, iussum der Befehl], droit, diritto, derecho), während das deutsche Wort „Recht" umfassender auf die Vorstellung des Richtmaßes hindeutet.

I. Aussagenormen

Urteilsnormen, Beschreibungen, Begriffsbestimmungen beziehen sich auf ein „Sein"; sie bieten Maßstäbe zur rechtlichen Messung rechtserheblicher Zustände oder Vorgänge. Darunter fallen namentlich:

a) A l l g e m e i n e W e n d u n g e n , bei denen überhaupt der normative Charakter zweifelhaft erscheint. Solche finden sich vornehmlich im Staats- und Völkerrecht.

1. Beispiele aus dem S t a a t s r e c h t :
   Präambel der RVerf. 1871. Vorspruch und Art. 181 der RVerf. 1919. Vorsprüche der neuen Länderverfassungen.

2. Beispiele aus dem Völkerrecht: Eingangsformeln älterer Staatsverträge: „im Namen des Allmächtigen Gottes". Friedensvertrag von Versailles 1919: Eingang und Art. 227.

Immerhin gestatten solche Wendungen rechtserhebliche Aufschlüsse über Sinn und Tragweite nachfolgender Einzelvorschriften.

b) Programmatische Kundgebungen vor oder in neueren, namentlich staatsrechtlichen Gesetzen. Diese Äußerungen des Gesetzgebers tragen kaum aktuellen, wohl aber direktiven Charakter, d. h. sie sind für die Auslegung der anschließenden Gesetzesvorschriften oder als Richtlinien für die normative oder administrative Durchführung maßgeblich; damit gewinnen diese Aeußerungen mittelbar Bedeutung für die Beurteilung menschlichen Verhaltens. Beispiele:

1. RVerf. 1919 Art. 119, 121 f., 130, 142, 151, 157 f., 163 f.
2. Aus dem „Dritten Reich" die zahlreichen Vorsprüche, so z. B. zur DGO. von 1935, zum RNaturschutzG. von 1935, zum DBG. von 1937.

c) Zweifellos Rechtsnormen sind die Legaldefinitionen; sie bilden für die Behörden möglicherweise Befehlsnormen. Beispiele:

BGB. §§ 1, 2, 90, 138, 194, 195, 1317, 1922. HGB. §§ 1, 8. ZPO. § 1 KonkO. § 1. StGB. § 211. Reichsvers.O. § 1. RAbgabenO. § 1. Weingesetz § 1. TierschutzG. 1933 § 1. Maß- und GewichtsG. 1935 § 1. DevisenG. 1938 §§ 4—6.

d) Unstreitig ist auch der Rechtsnormcharakter der Organisationsvorschriften über die Einrichtung der menschlichen Verbände, ihre Organe, deren Zusammensetzung und Zuständigkeit. Auch sie bilden für die Bürger meist nur Aussagesätze, für die Behörden möglicherweise Befehlsnormen. Beispiele:

RVerf. 1919 Art. 1, 52. RVerf. 1871 Art. 6. Preuß. LVerwG. 1883 §§ 1 ff. RBeamtenG. 1937 § 1.

II. Befehlsnormen

Diese haben ein Sollen oder Müssen zum Gegenstand. Sie begründen rechtserhebliche Verpflichtungen. Sie fordern ein rechtserhebliches Verhalten, das in einem Tun, Dulden oder Unterlassen bestehen kann.

Auszuschalten sind hier die rechtsunerheblichen Befehle (Koche mit Gas! Bade zu Hause!), selbst wenn der Imperativ von einer behördlichen Stelle ausgeht (Nimm ein Postscheckkonto! Verfüttere kein Brotgetreide! Trinkt deutschen Wein!). Zugehörig sind hier nur die Befehle, die ein rechtserhebliches Verhalten fordern.

a) Ein Tun ordnen die Gebotsnormen an. Auf die Form kommt es nicht an. Die Vorschrift kann als Aussagesatz formuliert sein. Vgl. RVerf. 1919 Art. 134. RNotopfergesetz 1919 § 1. Adressaten der Gebotsvorschriften können sein:

1. Einzelpersonen.
   Beispiele: BGB. §§ 59, 242, 1353, 1360. HGB. §§ 2, 38. ZPO. § 91. RAbgabenO. 1931 §§ 166 ff. (Pflichten der Zensiten), 175 ff. (Pflichten Dritter). Polizeiverordnungen.
2. Personenmehrheiten und juristische Personen.
   Beispiel: KörperschaftsteuerG. 1925 bzw. 1934 §§ 1 ff.

3. Oeffentliche Verbände, Behörden.
Beispiele: RVerf. 1919 Art. 17, 42, 140. GerichtsVerfG. 1924 §§ 146, 156. Preuß. LVerwG. 1883 § 64 Abs. 5. StrafPO. 1924 § 128. Friedensvertrag 1919 Art. 180, 211, 228. RAbgO. 1931 §§ 188 ff.

b) Ein Dulden, daß etwas Rechtserhebliches geschieht, insbes. ein anderer derartiges tut oder unterläßt, kann durch Befehlsnormen auferlegt werden:
1. Privatpersonen, natürlichen wie juristischen; Beispiele: ZPO. §§ 739, 890. Duldung von rechtmäßigen Eingriffen in „Grundrechte", von Beschlagnahmen und Durchsuchungen bei Dritten, von hoheitlichen Verwaltungsakten, z. B. des Finanzamts bei Dritten.
2. Oeffentlichen Verbänden, Behörden. Beispiele: RVerf. 1919 Art. 15 II². Friedensvertrag 1919 Art. 203 ff., 380, 428.

c) Ein Unterlassen verlangen die Verbotsnormen. Die Form ist unerheblich; die Vorschrift kann auch positiv formuliert sein: Rechts fahren! Reitweg! Im Strafrecht erscheinen die Verbotsnormen in Gestalt der genauen Beschreibung des „Tatbestandes".
Adressaten der Verbotsvorschriften können sein:
1. Privatpersonen, natürliche wie juristische; Beispiele: StGB. und Nebengesetze, Verwaltungsstrafrecht, z. B. Steuerstrafrecht, Polizeiverordnungen. Gewerberechtliche Verbote (Sonntagsarbeit, Beschäftigung von Frauen und Kindern). Zölibat;
2. Öffentliche Verbände, Behörden; Verbot verf.- und gesetzwidriger Verordnungen und Satzungen. Verbot der reformatio in peius bei Rechtsmitteln: Verböserung ins Schlimmere, z. B. der Angeklagte hat in erster Instanz sechs Monate Gefängnis erhalten. Er legt Berufung ein, weil er eine geringere Strafe haben will. Das Berufungsgericht gibt ihm nunmehr eine Strafe von zehn Monaten. Verbot reichsrechtswidriger Landesgesetze. BesoldungssperrG. 1920. FinanzausgleichsG. 1926. Pariser Seerechtsdeklaration (Deklaration = Erklärung) 1856. Rote-Kreuz-Konvention (Übereinkunft). Haager Landkriegsordnung 1899, 1907.

III. Gewährungsnormen

Diese bestimmen ein rechtserhebliches Können oder Dürfen. Sie verleihen (anerkennen oder begründen) Fähigkeiten, Berechtigungen, Befugnisse. Tatsächliches Können ist noch kein rechtliches Dürfen. Tatsächliche Möglichkeiten, vor allem natürliche Betätigungen wie Spazierengehen, Baden, Essen, Trinken, Rauchen, Schlafen, Lieben, Erfinden, Dichten, Arbeiten, sind an sich nicht rechtserheblich, können es aber werden. So zunächst, wenn sie in Sonderfällen verboten sind: Spaziergang im Park, Rauchen im Walde, Rauchen im Nichtraucherabteil (warum nicht auch umgekehrt?), Schlafen im Dienst, Baden in Ortschaften. So ferner, wenn sie generell verboten und nur ausnahmsweise erlaubt sind: Prohibition (Verhinderung) und Alkoholgenuß; Kunstschaffen im Dritten Reich nur als Mitglied der der Reichskulturkammer angeschlossenen Kammer. So endlich, wenn sie ausnahmsweise geboten sind, z. B. in Strafanstalten, früher in der Wehrmacht.

a) Befähigungsnormen sind solche Vorschriften, die bestimmte rechtlich bedeutsame Fähigkeiten an- oder zuerkennen. Stufen:

1. Rechtsfähigkeit, d. h. die Fähigkeit, Rechte und Pflichten zu haben. Sie eignet allen natürlichen (BGB §§ 1, 6) und juristischen (BGB §§ 21 ff.) Personen, letzteren vermöge Eintragung oder kraft Verleihung.
2. Handlungsfähigkeit, d. h. die Fähigkeit, in rechtlich erheblicher Weise zu handeln, und zwar:
   aa) zivilrechtlich — entweder durch rechtgemäßes rechtanwendendes Verhalten (Geschäftsfähigkeit, unbeschränkt ab 21. Lebensjahr oder kraft Volljährigerklärung, beschränkt ab 7. Jahr) oder durch rechtswidriges Verhalten (Deliktsfähigkeit, d. h. Verantwortlichkeit für unerlaubte Handlungen);
   bb) strafrechtlich — durch kriminelle Verantwortlichkeit zufolge Strafmündigkeit, welche beschränkt mit dem 14. Lebensjahr, unbeschränkt mit dem 18. Lebensjahr eintritt;
   cc) staatsrechtlich — die Stimm-, insbesondere Wahlfähigkeit, heute ab 21. Lebensjahr, und die Wählbarkeit sowie Aemterfähigkeit, in der Regel mit höherem, gewöhnlich 25. Lebensjahr;
   dd) völkerrechtlich — die Handlungs-, d. h. Geschäfts- und Deliktsfähigkeit der Staaten, unbeschränkt der souveränen, beschränkt der sog. „halbsouveränen“ sowie der nichtsouveränen.
3. Prozeßrechtlich entspricht die Parteifähigkeit der materiellen Rechtsfähigkeit, die Prozeßfähigkeit (d. h. die Fähigkeit, selbst oder durch Vertreter prozeßerheblich zu handeln) der materiellen Geschäftsfähigkeit.

b) Berechtigungsnormen sind solche, die subjektive Rechte verleihen. Aus der norma agendi (Vorschrift über ein Handeln) fließt die facultas agendi (rechtliche Fähigkeit zum Handeln).

1. Voraussetzungen: Bestehen eines Rechtssubjekts („Person“), Rechtserheblichkeit des Dürfens, objektiv-rechtliche Verleihung der subjektiven Berechtigung, sei es unmittelbar ex lege (aus dem Gesetz), sei es durch Staatsakt der Verwaltung oder Justiz. Kein subjektives Recht ohne objektives Recht!
2. Wirkungen: Absolut das vom objektiven Recht unter Gewährleistung rechtlichen Erfolges begründete rechtserhebliche Wollendürfen, relativ — bei Konzentration des Wollendürfens auf eine bestimmte Leistung einer bestimmten natürlichen oder jur. Person oder eines öffentlichen Verbandes — der „Anspruch“.
3. Arten der „Rechte“ bzw. „Ansprüche“:
   aa) Privatrechtliche: Dingliche (an Sachen), persönliche (auf Leistung, Schadenersatz usw.), familienrechtliche (z. B. §§ 1601 ff.), erbrechtliche (z. B. § 2303), handelsrechtliche (z. B. HGB. § 113). Legaldefinition (gesetzlich formulierte Begriffsbestimmung) des Anspruchs. BGB § 194.
   bb) Strafrechtliche: des Staates gegen den Verbrecher.
   cc) Prozeßrechtliche: Klage, Angriffs- und Verteidigungsmittel, Armenrecht, Rechtsmittel, Vollstreckungsgegenklage; Rechte des Angeklagten, des Verteidigers, des Strafgefangenen.
   dd) Staats- und verwaltungsrechtliche (sog. subjektive öffentl. Rechte): politische, bürgerliche und „Grundrechte“; Ansprüche der Beamten, insbes. „wohlerworbene Rechte“. Vorrechte der Abgeordneten. Rechte

der Gliedstaaten gegen den Gesamtstaat, der Selbstverwaltungskörper gegen den Staat, zwischen Staat und Kirche.

ee) Völkerrechtliche: „Grundrechte" der Staaten, Ansprüche aus Verträgen, aus Vertragsverletzungen. Mitgliedsrechte im Völkerbund, in den United Nations. Rechte der Neutralen.

4. Ausübung der Rechte, „Rechtsbesitz". Die tatsächliche Möglichkeit der Ausübung eines subjektiven Rechts, der Geltendmachung eines Anspruchs ist nicht nur durch den Besitz des Rechts, sondern ferner noch durch das Bestehen weiterer faktischer Voraussetzungen, wie Vorzeigen des Ausweises, Vorlegung oder Aushändigung des Inhaberpapiers, Aufnahme in ein (Wähler-)Verzeichnis u. ä. bedingt.

c) Befugnisnormen sind solche, welche das Berufensein der Organe öffentlicher Verbände — wie Behörden, Körperschaften, Anstalten usw. — zu bestimmter amtlicher Tätigkeit festlegen. Es handelt sich hier nicht um die Ausübung von „Rechten" von „Personen", sondern um die Handhabung von Zuständigkeiten öffentlicher „Organe", welche als solche der eigenen Rechtsfähigkeit ermangeln. In Betracht kommen vor allem:

1. Befugnisse der obersten Staatsorgane: der Staatsoberhäupter, der Regierungen, der Minister, der Volksvertretungen, der gesetzgebenden Faktoren.
2. Befugnisse der Verwaltungsbehörden: der Polizei zum Erlaß von Verordnungen und Verfügungen nebst Strafverfügungen, anderseits zur Erteilung von Erlaubnissen; der Finanzämter zum Erlaß von Steuerbescheiden; der staatsaufsichtlichen Maßnahmen gegenüber nachgeordneten Staatsstellen, gegenüber Gemeinden und anderen Selbstverwaltungskörpern, der eigenen Anordnungen der Selbstverwaltung; der kirchlichen Anordnungen usw.
3. Befugnisse der Justizbehörden: der Zivilgerichte zur Vernehmung, Vereidigung, Urteilsfällung, Anordnung von Arrest, Haft, Offenbarungseid; der Strafgerichte zur Verhaftung, Verurteilung; der Staatsanwaltschaft zur Strafverfolgung und Strafvollstreckung.
4. Befugnisse der Organe internationaler Verbände: der Verwaltungsämter, der Schiedsgerichte, des Völkerbundes, der United Nations.

B. Rechtsgeltung

Mit der potestas (Macht, Gewalt) des Rechts muß sich die auctoritas (Ansehen) verbinden. Das Recht ist wirksam, wenn und weil es regelmäßig von äußerer und innerer Autorität getragen wird.

I. Die **äußere Autorität** beruht auf der Möglichkeit des unmittelbar oder mittelbar vom Staat ausgehenden obrigkeitlichen Zwanges. Das Recht wird den Verbandsgenossen von ihren Verbänden herrschaftlich gesetzt, in aller Regel „vorgeschrieben". Der höchste und vollendetste Verband dieser Art ist der Staat. Er direkt, die öffentlichen Verbände indirekt erlassen die Rechtsvorschriften und sichern ihre Befolgung durch zweckentsprechende Druckmittel, nötigenfalls durch obrigkeitlichen Zwang. Die Justitia (Gerechtigkeit; Göttin der Gerechtigkeit) handhabt nicht nur die Waage, sondern auch das Schwert. Dabei lassen sich folgende Stufen hoheitlichen Druckes unterscheiden:

a) Leges perfectissimae (vollkommenste Gesetze), so könnte man diejenigen Vorschriften nennen, nach welchen sich die Vollziehung unmittelbaren Zwanges durch staatliche Organe abspielt.
   Beispiele: Richterlicher Zwang in der Sitzung gegen Angeklagte und Zeugen. Tätigkeit des Gerichtsvollziehers. Strafvollzug in Strafanstalten. Zugriff der Polizei. Steuerbeitreibung, früher Gestellungsbefehl und Kasernenhof. Zollvisitation. Wohnungsbeschlagnahme. Enteignungsvollzug. Bundesexekution. Völkerrechtliche Sanktionen.

b) Leges perfectae (vollkommene Gesetze), Vorschriften, hinter denen bei nicht gütlicher Befolgung die Möglichkeit unmittelbaren Zwanges steht. Beispiele: Die Vorschriften des BGB. und des HGB. angesichts der Klagbarkeit. Strafgesetze und Polizeiverordnungen. Steuergesetze, Verantwortlichkeit der Beamten, der Minister. Pflichten der Gemeinden gegenüber dem Staat.

c) Leges minus quam perfectae (weniger vollkommene Gesetze), Vorschriften, hinter denen nur die Möglichkeit eines mittelbaren, aber doch regelmäßig und normalerweise wirksamen Druckes steht.
   Beispiele: Pflicht des Monarchen zur Ausfertigung der Gesetze. Konstitutionelle Verantwortlichkeit des früheren Reichskanzlers. Amtspflicht der Abgeordneten. Erfüllung kirchlicher Pflichten. Erfüllung völkerrechtlicher Verträge, Beachtung völkerrechtlicher Vorschriften.

d) Leges imperfectae (unvollkommene Gesetze), Normierung aktiv unerzwingbarer, aber passiv rechtswirksam erfüllbarer Verpflichtungen. Man spricht hier von natürlichen Verbindlichkeiten = obligationes naturales.
   Beispiele: Ansprüche aus Spiel, Wette, Ehevermittlung. Verjährte Ansprüche. Keine Eheklage aus Verlöbnis (BGB. § 1297). Nichtvollstreckbarkeit des Urteils auf Herstellung des ehelichen Lebens.

II. Die **innere Autorität** des Rechts beruht auf seiner Verankerung im Willen der Verbandsangehörigen. Die Gewähr dafür ist die Anerkennung der Rechtsnormen seitens der Rechtsgenossen selbst als nützlicher und gerechter Regeln. Diese Anerkennung wird formell durch die Zustimmung einer Volksvertretung, noch besser des Volksganzen, materiell durch tunlichste Verwirklichung des Rechtsideals (Rechtsmonaden) der Zweckmäßigkeit und der Gerechtigkeit, wenn nicht gewährleistet, so doch wesentlich gefördert.

a) Die Beteiligung der Rechtsgenossen bei der Rechtsbildung ist eine uralte Einrichtung.
   1. Sie besteht zunächst bei der Bildung des ungeschriebenen oder Gewohnheitsrechtes; diese geschah von jeher durch die Rechtsgenossen selbst und kann schon begrifflich nicht anders geschehen.
   2. Die Bildung des geschriebenen, insbes. Gesetzesrechts erfolgte im alten Rom durch die Komitien (kommt von comes = Volksgenosse), in Germanien im allgemeinen Volksthing, im Mittelalter unter Beteiligung wenigstens der Reichs- und Landstände. Sie geschieht seit Einführung des Konstitutionalismus unter Mitwirkung einer hauptsächlich volksgewählten Volksvertretung, seit Errichtung und neuestens Wiederherstellung des freien Volksstaates durch die ausnahmslos volksgewählte Volksvertretung, möglicherweise durch das im „Volksentscheid" abstimmende Volk selbst. Nur während der kurzen Episode des Führerstaates war diese Entwicklung unterbrochen worden.

b) Die beste Gewähr für die Gestaltung eines vollkommenen, „richtigen“ Rechts (Stammler) ist die Verwirklichung der Rechtsideale, vor allem der Postulate der Zweckmäßigkeit und der Gerechtigkeit.

1. Zweckmäßigkeit. Das Recht soll den Lebensbedürfnissen des Verbandes (Gemeinwohl) und der Verbandsgenossen (Individualwohl) seines Landes und seiner Zeit entsprechen. Es soll Gesamt- und Einzelinteressen harmonisch ausgleichen, die Verbandsgewalt stützen und stärken, dabei aber den Verbandsmitgliedern ein Mindestmaß von Anteil an den Lebensgütern gewährleisten. Wenn das Recht diesem Erfordernis nicht mehr entspricht, ist es nur noch formales Recht, dessen Geltungskraft erschüttert ist, dessen Sanierung und Erneuerung aber nur Aufgabe des Gesetzgebers sein kann. Je mehr das Recht hingegen jenem Erfordernis entspricht, desto wirksamer bildet dies die Garantie für seine Anerkennung, Wertschätzung und Befolgung.

   Beispiele für unzweckmäßiges Recht: Veraltete Vorschriften im Vereins-, Ehescheidungs-, Aktien-, Prozeß-, Gemeinde-, Steuer-, Straf-, Wahlrecht. Übermäßige Androhung der Todesstrafe im Dritten Reich. Überdrehung der Steuerschraube. Bizonales „Speisekammergesetz“ 1948. Überholter Preisstop; vgl. dazu F. Schmidt in WFZ. vom 5. Februar 1948, S. 5, und Goethe im Faust I: „Vernunft wird Unsinn, Wohltat Plage; Weh Dir, daß Du ein Enkel bist!“

2. Gerechtigkeit. Das Recht soll das Ideal der äußeren Gerechtigkeit erfüllen, demgemäß jedem das Seine (Suum cuique), nicht jedem das Gleiche zuteilen. „Völlige Gleichstellung der Menschen nach Geschlecht, Alter, Bildung, Kräften, Beschäftigung wird nur von sinnlosem Neid gefordert“ (v. Jhering). Deshalb jedem das Seine, aber ohne Ansehen der Person, daher die Binde vor den Augen der abwägenden Justitia. Erscheint die Forderung der Gerechtigkeit nicht erfüllt, so gleitet das Recht zu bloß formaler Geltung ab: Summum ius summa iniuria (höchstes Recht, höchste Ungerechtigkeit). Gleichwohl gilt solches Gesetz zunächst noch. Denn „Gesetz ist Erz gewordene Gewalt, unbeugsam, ob sie zehnmal ungerecht“. Aber nur der Gesetzgeber kann dies maßgebend beurteilen; nur er ist berechtigt, alsdann aber auch verpflichtet, das Gesetz zu berichtigen. Hat er jedoch dieser moralisch-politischen Pflicht entsprochen, so bildet die Wiederherstellung des „gerechten“ Gesetzes die beste Gewähr für seine innere Geltungskraft.

   Beispiele für ungerechte Gesetze: Dreiklassenwahlrecht. Mark gleich Mark früher und heute. Unzulängliche Aufwertung nach der Inflation. Nichtbestrafung des „Diebstahls“ herrenloser Sachen. Pflicht zur Beeidigung eines offenbar Meineidigen. Nichtproportionalität der Besteuerung. Rückwirkende Kraft von Strafgesetzen im Dritten Reich.

3. Kapitel

Rechtsabgrenzung

A. Recht als Kulturerscheinung

Recht ist wesentlicher Bestandteil menschlicher Kultur. Recht und Staat dürfen sogar als die grundlegenden Kulturfaktoren, welche alle übrigen Kulturerscheinungen bedingen und fördern, bezeichnet werden. Beide sind nicht so sehr durch die Form als durch die immanenten Kräfte charakterisiert. Causa remota (causa = Grund, Ursache, remotus = entfernt; causa remota hier gleich der tiefere Grund) des Rechts ist der menschliche Geselligkeitstrieb; causae proximae (nächste Gründe = weitere Gründe) sind Genußtrieb und Ordnungstrieb; das Ergebnis ist die Rechtsordnung.

I. Die natürliche Entstehung menschlicher Verbände beruht auf dem Geselligkeitstrieb. Der Mensch ist von Natur ein geselliges Wesen. Er vereinigt sich mit anderen Menschen zu kleineren und größeren Verbänden, zuhöchst zum Staat.

II. Die Verbände ermöglichen den Verbandsgenossen die Befriedigung ihrer mancherlei **Bedürfnisse.** Grundlegend sind Genuß- und Ordnungstrieb.

a) Der Genußtrieb. Jedermann hat materielle und ideelle, sinnliche und geistige Bedürfnisse. Ginge jeder auf deren restlose Befriedigung aus, so tobte das bellum omnium contra omnes (Krieg aller gegen alle). Die Erkenntnis seiner Unsinnigkeit führt zu einem allgemeinen wechselseitigen Ausgleich. Mit dem Verzicht auf volle Befriedigung aller Bedürfnisse wird der Vorteil der sicheren, ungestörten Befriedigung eines Teiles der Bedürfnisse erkauft. So entsteht (nicht historisch, sondern logisch betrachtet) unter den Verbandsgenossen ein System von Schranken und Regeln für den Genuß der Lebensgüter. Es bildet sich eine soziale Friedensordnung, deren Erhaltung und Förderung im Lebensinteresse aller liegt.

b) Der Ordnungstrieb ist nicht nur theoretischer Erkenntnisdrang, sondern zugleich praktisch das Verlangen, durch Einfügung in eine höhere Ordnung, durch Anerkennung der Verbandsgewalt und durch Befolgung ihrer Anordnungen das Dasein im Verband harmonisch zu gestalten. Die Erhaltung der Ordnung und Harmonie gewährleistet die Verbandsgewalt. So bildet sich unter den Verbandsgenossen zugleich eine Vernunftordnung für die äußeren Lebensverhältnisse.

III. Aus Friedens- und Vernunftsordnung erwächst die Rechtsordnung. Die Erhaltung jener beiden Ordnungen ist durch die Abgrenzung der Individualbereiche des Wollens und Handelns bedingt. Es werden Schranken zwischen den Verbandsgenossen errichtet, um einerseits gegenseitige Übergriffe auszuschließen, anderseits dem Einzelnen ein Feld freier Bewegung und ungestörten Genusses zu sichern. Es werden ferner Schranken gezogen, um die Gesamtinteressen von den Einzelinteressen zu sondern, dort den Wirkungsbereich der Verbandsgewalt, hier den verbandfreien Wirkungsbereich der Einzelnen abzustecken. Alle diese Schranken erhalten ihre äußere Form in festen Regeln, in teils ge- und verbietenden, teils an- und zuerkennenden Normen für das Verhalten der dem Verband angehörenden, vor allem der im Staat vereinten Menschen. Diese Normen bilden das Recht, die durch sie verbürgte Verbandsordnung ist die Rechtsordnung.

Ergebnis: Recht ist Verbandsordnung. Recht besteht aus einem System von Normen zur nötigenfalls zwangsweisen Aufrechterhaltung der Ordnung unter den Verbandsgenossen und im Verbande selbst; die einzelnen Normen tragen teils beschreibenden, teils befehlenden, teils gewährenden Charakter.

B. Rechtsnormen und andere Kulturnormen

„Nach ewigen, ehernen, großen Gesetzen müssen wir alle unseres Daseins Kreise vollenden“ (Goethe). So gibt es Gesetze der Logik für das Denken,

Gesetze der Ästhetik für das Fühlen, Sozialgesetze oder Kulturgesetze für das Wollen. Diese Kulturgesetze umfassen die Normen der Religion, der Moral, der Sitte, des Rechts. Diese vier Normengruppen bildeten ursprünglich eine Einheit, haben sich aber allmählich von einander gesondert. Eine Vergleichung des Rechts mit Religion, Moral und Sitte ist dienlich, einerseits die wechselseitigen Beziehungen aufzuzeigen, anderseits das Wesen des Rechts durch die Unterschiede noch deutlicher hervortreten zu lassen.

I. Recht und Religion

a) Begriff der Religion. Religion trägt von Haus aus vorstellenden, nicht vorschreibenden Charakter. Der religiöse (nicht notwendig, aber zweckmäßig zugleich „kirchliche") Mensch erkennt nicht bloß verstandesmäßig das Bestehen einer höheren Ordnung im Weltall, die von einem überirdischen Geist, einer übersinnlichen Kraft erfüllt ist; ihm begründen auch innere Erfahrung und seelisches Erleben den Glauben, „daß die schöne Welt regiere ein hoher, weiser, nie begriffner Geist". Wie nun auch der Mensch sich diesen Geist vorstellen mag, jedenfalls verlangt seine Religiosität nach Gewinnung persönlicher Beziehungen des Herzens zu diesem höchsten Wesen, das wir Gott nennen, und demgemäß richtet er sein inneres Verhalten nach den Ge- und Verboten ein. So wird dem gläubigen Menschen die Religion zur Quelle von Normen, die als solche mit denen des Rechts vergleichbar sind.

b) Vergleich zwischen Recht und Religion

1. Ähnlichkeiten: Beide Normen gehen nicht vom Menschen selbst, sondern von einer höheren Macht aus.

2. Unterschiede — nach der Quelle: beim Recht irdische Verbände, bei der Religion überirdische Macht (nicht die Kirche); — nach dem Gegenstand: dort äußeres, hier inneres menschliches Verhalten (Kant: Religion müssen wir in uns, nicht außer uns suchen); — nach dem Ziel: dort Erhaltung der Verbandsordnung, hier Beziehungen zur Gottheit; — nach der Autorität: dort die Verbandsgewalt, besonders des Staates und der Kirche, hier das religiöse Gewissen.

c) Beziehungen zwischen Recht und Religion

1. Grundsätzlich Trennung, nicht Verschmelzung. Trennung beider durch eine tiefe Kluft. Religion: Liebe deinen Nächsten! Liebet eure Feinde! Recht: Eine Polizeiverordnung schreibt Mülleimer mit Deckeln vor. Verschmelzung nur ganz ausnahmsweise, so in der katholischen Kirche. Jus divinum (göttliches Recht) und Dogma (Kirchenlehre), Verrechtlichung des Unfehlbarkeitsdogmas und Dogmatisierung des päpstlichen Primats auf dem Vatikanischen Konzil 1870. Verschmelzung bestand in älteren, primitiven Kulturepochen. Verbindung war das Kennzeichen der sog. Gesetzesreligionen, so der indischen, der persischen, des Islam, des alten Judentums. Solche Verbindung ist der modernen Auffassung fremd.

2. Lediglich Parallelität beider Normen, wo solche scheinbar zusammengehen. Auch hier laufen beide in Wirklichkeit getrennt nebeneinander her. Das Recht verbietet die äußere Tat, die Religion die innere Gesinnung.

Beispiele: Einerseits StGB. §§ 211 ff, 172, 154, anderseits Bergpredigt, Evangel. Matthäi V 21 ff. Gebt dem Kaiser, was des Kaisers ist, und Gott, was Gottes ist.

3. Doch besteht die Möglichkeit wechelseitiger Einwirkung. Solche kann förderlich, mißbräuchlich und feindlich erfolgen.
   Förderlich: Hohe Rechtskultur kann die religiöse Kultur eines Landes heben. Die Religion gibt dem kirchlichen Recht, dessen Seele sie ist, das Gepräge. Die Religion stärkt, vertieft und verfeinert möglicherweise die Handhabung, Geltung und Fortbildung auch des staatlichen Rechts. Seid untertan der Obrigkeit! Gebt dem Kaiser, was des Kaisers ist! Umgekehrt dient das Recht der Religion unmittelbar durch Schutz religiöser, mittelbar durch Schutz kirchlicher Güter und Interessen. Vgl. StGB. §§ 166 ff.
   Mißbräuchlich: Einerseits Ketzerprozesse mit Verwendung des sog. bracchium saeculare (weltl. Arm); anderseits Gottesurteile, Altar als Stütze des Throns, Anrufung der Gottheit im Kriege, Berufung auf das Walten der Vorsehung.
   Feindlich: Bekämpfung der Religion als solcher oder in Gestalt der Kirche.
   Beispiele: Tod des Sokrates, Verurteilung Christi, Christenverfolgungen, Französische Revolution, Kulturkampf, Maßnahmen des „Dritten Reiches".

II. Recht und Moral

a) Begriff der Moral. „Sittlich" und „Unsittlich" sind Werturteile über menschliches Denken, Fühlen und Wollen. Die Gesinnungen und Neigungen des Menschen unterliegen Beurteilungen, Bewertungen, Anforderungen. Wirken sich solche inneren Vorgänge äußerlich aus, so ist für das moralische Urteil nur das Motiv maßgebend, das äußere Verhalten höchstens als Indiz zur Erkennung des Motivs beachtlich. Entsprechend ist äußerer Druck weder nötig noch fähig, ein moralisch wertvolles Verhalten zu erzielen. Kant: „Nichts auf der Welt kann ohne Einschränkung für gut gehalten werden als allein ein guter Wille".

b) Vergleich zwischen Recht und Moral
   1. Ähnlichkeiten: Beide regeln menschliches Verhalten, betonen die Gesetzmäßigkeit in der grundsätzlich freien menschlichen Betätigung, bilden somit die beiden Richtungen der „Ethik".
   2. Unterschiede — nach der Quelle: Recht entstammt heteronom (andersgesetzlich) dem menschlichen Verband, Moral autonom (eigengesetzlich) dem menschlichen Innern; — nach dem Gegenstand: beim Recht das äußere Verhalten („fürs Denken kann man niemand henken"), bei der Moral die Gesinnung; — nach dem Ziel: dort äußere Ordnung, hier innere Vervollkommnung; — nach der Autorität: dort Verbandsgewalt, hier menschliches Gewissen und sittliches Bewußtsein.

c) Beziehungen zwischen Recht und Moral
   1. Grundsätzlich Trennung, in älteren Zeiten Verbindung, ja Verschmelzung.
   2. Höchstens Parallelität, d. h. Nebeneinandergehen — ganz oder teilweise — der beiderseitigen Normen.
      aa) Deckung: Arglistige Täuschung. Widerrechtliche Drohung. Verträge und Schädigung gegen die „Guten Sitten". Betrug, Erpressung,

Sexualdelikte, Untreue. Unterhaltspflicht. Erbeinsetzung unter Bedingung des Nichtheiratens, des „Besitzes“ eines unehelichen Kindes (Goetz, die tote Tante). Verträge über religiöse Kindererziehung. Völkermoral und Völkerrecht.

bb) Moral verlangt mehr: Nichtzahlung verjährter Schulden. Mißbilligt: Eheliche Untreue mit Zustimmung. Anstößige Kleidung. Sexuelle Taktlosigkeiten. Prostitution. Unzucht unter Frauen. Selbstmordversuch.

cc) Recht verlangt mehr: Ärztliche Tötung eines Unheilbaren (so im 3. Reich). Es verbietet: Hamstern für kranke Angehörige. Groben Unfug. Studentenulk. Polizeiübertretungen. Vorschriftswidrige Mülltonnen. Abhören feindlicher Sender? Kompensationsgeschäfte?

3. Wechselseitige Einwirkung von Recht und Moral. Förderlich: Die Moral beeinflußt das Recht; hohe Moral bürgt für Rechtsgüte güte und Gesetzestreue, aus sittlichen Vorstellungen können sich Rechtsnormen entwickelt.

Das Recht nimmt auf Moral durch Verwertung sittlicher Vorstellungen Rücksicht.

Beispiele: BGB. §§ 138, 226, 826; EG. BGB. Art. 30. Unmoral als Kündigungs-, Scheidungs-, Enterbungsgrund. Strafbarkeit unmoralischen Verhaltens. RVerf. 1919 Art. 163. Das Sittengesetz im Forum internum der katholischen Kirche. Friedensvertrag 1919 Art. 227. Umgekehrt kann das Recht die Moral beeinflussen. Gute Wirtschaftsgesetze heben die Volksmoral, schlechte (auch zu scharfe) Steuergesetze verderben die Steuermoral, so heute.

Mißbräuchlich: Denkbar ist, daß das Recht die Moral mißachtet. Beispiele: Belohnung von Spitzeln. Beamtengesetz 1937 § 3 Abs. 2. Amtliche Aufforderung zur Denunziation. Zeugniszwang wegen anvertrauter Vorgänge. Gesetzliches Verbot moralisch gebotenen Tuns.

Feindlich: Es gibt anormale Fälle, in denen das Recht ge- oder verbietet, was die Moral ver- oder gebietet.

Beispiel: Antigone. Staatsanwalt verwertet vertrauliche Mitteilungen. Meineid aus „Ritterlichkeit“. Ebert und der Munitionsarbeiterstreik. Auslieferung von „Kriegsverbrechern“ 1919. Verurteilung der formalen „Hochverräter“ des 20. Juli 1944. Summum ius summa iniuria!

III. Recht und Sitte

a) Begriff der Sitte. Man versteht darunter das Normale, Herkömmliche, Konventionelle, Gesellschaftsübliche. Es handelt sich dabei um Äußerlichkeiten wie Erscheinung und Auftreten des Menschen (Kleidung, Gebärden, Redeweise), äußeren Umgang mit andern (Verkehrs- und Vergnügungsformen), äußere Kulturgestaltung (Bau- und Kunststil). Die Normen sind persönlich nach Schichten, Kreisen und Gruppen, zeitlich nach Kulturepochen, örtlich nach Völkern und Ländern verschieden. Sie bezwecken Glättung und Abrundung, Erleichterung und Verfeinerung des Zusammenlebens. Sie können in Zweckmäßigkeit und Geschmack, aber auch in Laune und Gewinnsucht (Mode?) wurzeln. Sie bilden sich gewöhnlich rein tatsächlich heraus, nehmen dann Normcharakter an und beherrschen schließlich die Menschen.

Beispiele: Grüßen. Rauch- und Trinksitten. Früher Kommers, Duellkodex. Modetorheiten. Frack und Zylinder. Haartracht. Handelsbrauch. Kirchliche Zeremonien. Diplomatische Gepflogenheiten. Seesignalkodex.

b) Vergleich zwischen Recht und Sitte

1. Ähnlichkeiten: Beide betreffen äußeres Verhalten des Menschen und werden ihm von außenher „vorgeschrieben".

2. Unterschiede: Recht lebt im Verband, Sitte in der „Gesellschaft", genauer in deren Schichten, Klassen, Ständen, Berufen. Recht und Sitte erfassen je verschiedene äußere Lebensverhältnisse. Recht ist meist geschrieben, Sitte stets ungeschrieben, höchstens „aufgeschrieben" (Knigge, Umgang mit Menschen). Recht schützt die Verbandsordnung, Sitte erleichtert und verfeinert die Umgangsformen. Recht gilt kraft Verbandsgewalt, Sitte kraft Macht der Gewohnheit und Druckes der Gesellschaftsgruppen.

c) Beziehungen zwischen Recht und Sitte

1. Beide Normengruppen sind heute nicht mehr verbunden, sondern grundsätzlich getrennt. Sitte geht weiter, verlangt mehr als Recht: Gruß, Tracht, Körperpflege, Rendez-vous, Sport, Ball; Ausstattung der Tochter; Handels-, Gerichts-, Völker-Sitte. Doch können diese Dinge in Sonderfällen vom Recht erfaßt werden.

2. Bei Übereinstimmung liegt nicht Deckung, sondern Parallelität vor. So, wenn Anstands- zugleich Rechtsverletzung oder sittegemäßes Verhalten zugleich Erfüllung von Rechtspflicht ist. Normale Fälle: Schlechtes Benehmen als Kündigungsgrund, als Anlaß zu disziplinarem oder ehrengerichtlichem Verfahren. Anstandsverletzung als Beleidigung. Grober Unfug. Anormale Fälle: Mittelalterliche Kleiderordnungen für Adlige, Bürger, Bauern. Rechtsnormen über Kleidung und Haartracht: Uniform, Tonsur.

3. Wechselseitige Einwirkung aufeinander

   Förderlich: Recht ist durch Sitte beeinflußbar. Sitte als Vorstufe des Rechts. So für Handels-, Justiz-, Völkerrecht. Persönlicher Verkehr zwischen Staatshäuptern und Diplomaten. Recht nimmt auf die Sitte vielfach Rücksicht. Verweisung auf „die auf den Anstand zu nehmende Rücksich" im BGB. (§§ 534, 814, 2205), auf die „Verkehrssitte" im BGB. und HGB.; der „wichtige" Grund im BGB. und HGB.; Rechtserheblichkeit von Anstandsverletzungen zivil- und strafrechtlich, besonders im Ständerecht; Bedeutung der „Formen" im parlamentarischen, diplomatischen und kirchlichen Bereich.

   Mißbräuchlich: Wenn Recht Unsitte oder unnötig Sitte als Recht gebietet, wenn solches Recht von der Sitte der Gesellschaft angeregt und durchgesetzt wird.

   Feindlich: Gegensätze, Konflikte, Kämpfe, weil Recht ge- oder verbietet, was Sitte ver- oder gebietet.

   Beispiele: Gebiete der Mode. Zu üppige oder zu dürftige weibliche Bekleidung. Vorschriften gegen Kleiderluxus. Bezugscheinwesen. Zweikampf: Gebot der Sitte wegen unzulänglichen strafrechtlichen Ehrenschutzes, aber Verbot des Rechts.

   Vgl. Rudolf von Jhering, Recht und Sitte (Auswahl aus seinen Hauptwerken). Ders., Der Zweck im Recht II (1905) 190 ff.

4. Kapitel

Rechtsentstehung

Ubi societas, ibi ius est (Wo eine Gemeinschaft ist, da ist Recht). In jeder menschlichen Gemeinschaft lebt und wirkt die Friedens- und Vernunftordnung, die als Rechtsordnung die äußeren Lebensverhältnisse der Verbandsgenossen untereinander und gegenüber ihrem Verbande sowie des Verbandes selbst regelt. Die Geltungskraft der die Rechtsordnung bildenden Rechtsvorschriften wird einerseits durch den ihr innewohnenden Eigenwert, anderseits durch die Verbandsgewalt und zuhöchst durch die Staatsgewalt gewährleistet.

A. Natürliches und positives Recht

Die Unvollkommenheiten des unmittelbar oder mittelbar staatlich gesetzten Rechtes (ius positivum, unten B, C) wecken das Verlangen nach einem Idealrecht, an dem das positive Recht zu messen, nach dessen Vorbild die unzulänglichen Vorschriften des positiven Rechtes zu ergänzen und zu verbessern seien; dieses Idealrecht soll das natürliche oder Naturrecht (ius naturale) sein.

I. Die Theorie des Naturrechts

1. Begriff

Man nimmt ein Recht an, das dem Wesen der menschlichen Natur und den Anforderungen der menschlichen Vernunft entspricht, insbesondere die Postulate der Zweckmäßigkeit, vor allem der Gerechtigkeit restlos erfüllt Dieses Idealrecht soll ewig und unabänderlich gelten, für alle Länder und für alle Zeiten maßgeblich sein. Diesem Naturrecht soll das positiv gesetzte Recht überall und immer entsprechen, nach seinem Vorbild soll es beim Vorhandensein von Lücken zu ergänzen und notfalls sogar zu verbessern sein. Diesem Naturrecht eigne also die überragende Kraft, unvollkommenes positives Recht zu korrigieren und gegebenenfalls zu ersetzen.

2. Die naturrechtliche Schule

Die Vorstellung eines Naturrechts ist namentlich im 17—18. Jahrhundert von der Naturrechtlichen Schule entwickelt und vertreten worden. In dieser Schule trafen christlich-theologische mit griechisch-philosophischen Gedankengängen zusammen. Die Leitidee war, angesichts der damaligen Verworrenheit des positiven Rechts wieder einen festen Rechtsboden zu gewinnen. Hauptvertreter der Lehre waren: Hugo Grotius, Thomasius, Leibnitz, Pufendorff, Cocceji, sowie v. Kreittmayr, der den Ausspruch tat: „Dem Gesetze der Natur wohnt die ganz besondere Eigenschaft der Unveränderlichkeit bei, dergestalt, daß Gott selbst nichts hieran ändern kann“. Die Bewegung beschränkte sich zunächst auf die Gelehrtenstuben, griff aber seit Ende des 18. Jahrhunderts in die praktische Wirklichkeit über und drängte auf die Reform des positiven Rechts nach dem zwingenden Vorbilde des Naturrechts. Sie hat dabei viel Gutes gewirkt, nicht nur theoretisch durch Vertiefung der juristischen Systematik, sondern auch praktisch durch erfolgreiche Bekämpfung aus dem Mittelalter überkommener Einrichtungen wie Hexenwahn, Foltergreuel, Leibeigenschaft usw., aber auch noch neuzeitlicher mißbräuchlicher Verschlechterungen der Rechtsordnung. Die Naturrechtliche Schule mußte im 19. Jahrhundert vor der sog. „Historischen Schule“ das Feld räumen, geriet aber keineswegs in Vergessenheit und ist neuestens wieder zu wesentlicher Bedeutung gelangt.

II. Die Praxis des Naturrechts

1. Naturrechtsähnlichen Charakter trägt das von jeher im katholischen Kirchenrecht grundlegende ius divinum naturale. Die katholisch-kirchliche Rechtsordnung unterscheidet göttliches Recht (ius divinum) und menschliches Recht (ius humanum). Ersteres zerfällt in die göttliche Offenbarung (ius divinum positivum) und die natürliche Offenbarung (ius divinum naturale). Dieses Naturrecht bildet einen wesentlichen Bestandteil des katholisch-kirchlichen Rechtssystems.
2. In der französischen Revolution 1789 ff. gelangte das Naturrecht erstmalig im weltlichen Rechtsbereich zu grundlegender Bedeutung. Man griff aus dem anglo-amerikanischen Rechtsdenken die Lehre von den angeborenen Menschenrechten auf und kodifizierte sie in der berühmten Declaration des droits et des libertés de l'homme et du citoyen vom 26. August 1789. Man erklärte diese jedem Menschen von Natur aus angeborenen Rechte für unverletzlich und unentziehbar. Diese Menschenrechte der französischen Revolutionsgesetzgebung sind in der neuen französischen Verfassung der Vierten Republik von 1946 wiederholt und bestätigt worden.
3. Daß es im 19. und 20. Jahrhundert um das Naturrecht immer stiller wurde, erklärt sich nicht bloß aus dem Vorherrschen des sog. Rechtspositivismus, sondern rechtfertigte sich auch weitgehend durch die Vollständigkeit und vor allem Werthaftigkeit des positiven staatlichen Gesetzgebungsrechtes. Deshalb spielte das Naturrecht in der juristischen Praxis kaum mehr eine Rolle. Immerhin wurde noch ein Notrecht angenommen, welches in ganz besonderen Notfällen ein Abgehen von den für normale Verhältnisse maßgebenden Gesetzesvorschriften gestatten solle. Doch erlangte dieses Notrecht im innerstaatlichen Recht kaum, wesentlich mehr im unvollkommenen Zwischenstaatlichen Recht (Völkerrecht) eine gewisse Bedeutung.
4. Erst der Mißbrauch des Rechtsgedankens und der Rechtsformen im „Dritten Reich" sowie die seit dem Zusammenbruch durch die Zersplitterung, Unklarheit und Unsicherheit entstandene große Rechtsnot haben allerneuestens die naturrechtliche Idee wieder belebt und die praktische Berücksichtigung der naturrechtlichen Postulate stark gefördert. Die Renaissance des Naturrechts macht sich nicht bloß in Deutschland, sondern auch im Auslande und namentlich im internationalen Leben so gebieterisch geltend, daß der positive Jurist an dieser Tatsache nicht vorübergehen kann. So ist im deutschen Rechtsbereich das Naturrecht nicht nur bei Erlaß der neuen Verfassungen — hier besonders durch Einbeziehung der Menschenrechte in das System der Grundrechte — wieder zu beachtlicher, sondern darüber hinaus in der Spruchpraxis der Gerichte zu geradezu bedenklicher Bedeutung gelangt.

III. Kritik des Naturrechts

1. Zunächst erhebt sich das materielle Bedenken, ob es überhaupt ein örtlich unbegrenztes und zeitlich unwandelbares Recht geben könne, da alles Recht doch die Aufgabe hat, den konkreten Bedürfnissen eines bestimmten Ortes und einer bestimmten Zeit zu entsprechen. Diese Erwägung veranlaßte in der Tat bisher weite Kreise, das Naturrecht abzulehnen. Man bezeichnete es als unmöglich, daß die Soaaten des Altertums, des Mittelalters und der Neuzeit nach gleichem Recht oder auch nur gleichen Rechtsgrundsätzen

lebten. Es sei auch unmöglich, daß in China, Marokko, Kanada und Bayern die gleichen Rechtsprinzipien in Kraft ständen. Man verwies auf den Ausspruch des berühmten Romanisten Bernhard Windscheid: „Es ist ein alter, nie ausgeträumter Traum der Menschheit, daß es ein ewiges, festes, unwandelbares Recht gebe, dieses Recht sei das Recht der Vernunft!" Gegenüber dieser Kritik ist freilich zu bedenken, daß die naturrechtlichen Forderungen nicht auf die gesamte Rechtsordnung zu erstrecken, sondern auf einzelne grundlegende Wahrheiten zu beschränken, überdies nur zur Korrektur offenbarer Unvollkommenheiten der positiven Rechtsordnung zu verwenden sind.

2. Schwerer wiegt das formelle Bedenken, daß der Anspruch des Naturrechts auf Ergänzung und Berichtigung des positiven Rechts mit dem Staatsmonopol der obersten Rechtskontrolle unvereinbar sei, daß vollends seine praktische Verwirklichung zu arger Rechtsunsicherheit, ja zur Untergrabung der Rechtsordnung führen könne. Diese Bedenken sind durchaus begründet bei Bestehen einer vollkommenen, den Erfordernissen der Zweckmäßigkeit und Gerechtigkeit entsprechenden Rechtsordnung. Wie aber, wenn das staatliche Recht diese Voraussetzungen nicht erfüllt? Dann ergibt sich aus dem Naturrecht zum mindesten die Rechtspflicht des Gesetzgebers, die Schäden abzustellen. Wenn dies aber nicht geschehen oder zurzeit technisch unmöglich ist, erscheint die vorübergehende naturrechtliche Korrektur insoweit tragbar, als sie staatlichen Stellen, inbesondere den Gerichten vorbehalten bleibt. Nur wäre es grober Mißbrauch, wenn jeder einzelne Bürger unter Berufung auf das Naturrecht sich seinen Pflichten entziehen oder Rechte anmaßen würde. Die beste Lösung eines Widerspruchs zwischen natürlichem und positivem Recht bleibt aber die Stellungnahme des Gesetzgebers, mag er naturrechtliche Vorschriften zu positiv-rechtlichen erheben (so die neuen Länderverfassungen), oder mag er den staatlichen Stellen die Berücksichtigung naturrechtlicher Erwägungen ausdrücklich freigeben.

   Beispiele für letzteres: Das österreichische BGB. 1811 verweist im § 7 auf „natürliche Rechtsgrundsätze". Der italienische Codice civile nimmt im Art. 3 auf die „allg. Rechtsgrundsätze" bezug. Nach RVerf. 1919 Art. 120 war die Erziehung der Kinder „natürliches Recht" der Eltern. Das RG. über die Londoner Konferenz vom 30. August 1924, § 3a, suchte die Bewohner der Rheinlande „im Genuß ihrer allgemeinen Menschenrechte" zu schützen.

B. Ungeschriebenes oder Gewohnheitsrecht

Ungeschriebenes Recht — ius non scriptum — entsteht durch Rechtsübung. Stoffquelle ist die unorganisierte Gesellschaft bzw. eine gesellschaftliche Gruppe. Kraftquelle ist die Macht des Herkommens und die stillschweigende staatliche Zulassung.

I. Anwendungsgebiet

1. In den verschiedenen gesellschaftlichen, wirtschaftlichen, sozialen, beruflichen Gruppen im Staate können sich über rechtserhebliche Fragen gewohnheitsrechtliche Normen bilden. Beispiele:
   a) aus dem Privat- und Prozeßrecht: Verkehrssitte wird zu Verkehrsrecht, Handelsbrauch zu Handelsrecht, Gerichtsbrauch zu Verfahrensrecht; internationales Privatrecht.

b) aus dem öffentlichen Recht: Geltung landrechtlicher Vorschriften im nichtlandrechtlichen Preußen, so des § 10 ALR II 17. Oeffentlich-rechtliche Entschädigung. Gesetzesinitiative des Kaisers gegenüber dem Bundesrat. Republikanischer „Kronrat" in der Reichsrepublik. Aus Parlaments- und Regierungs-Praxis kann Verfassungsrecht werden. Fraktionszwang?

2. Innerhalb der autonomen Verbände — der Körperschaften der kommunalen Selbstverwaltung und der wirtschaftlich-sozialen Eigenverwaltung — kann durch sog. Observanz Gewohnheitsrecht entstehen.

3. In den kirchlichen Verbänden ist Rechtsübung möglich, weniger in der katholischen Kirche seit der Kodifikation (Gesamtaufzeichnung) des Kirchenrechts durch den Codex iuris canonici 1917, mehr in den ev. Landeskirchen.

4. Im internationalen Leben war das Gewohnheitsrecht früher ausschließlich, ist es heute noch weitgehend die Form der Rechtsbildung. Beispiele: Pacta servanda sunt (Verträge müssen beachtet werden — Verträge sind heilig). Grundrechte der Staaten. Exterritorialität. Gesandtschafts- und Konsularrecht. Beschränkungen der Kriegführung.

II. Rechtsnatur

1. Voraussetzungen. Die Wurzel ist auch hier das Rechtsbedürfnis. Es führt in den verschiedenen gesellschaftlichen Gruppen durch urwüchsiges Werden, nicht durch planmäßiges Schaffen zur Rechtsbildung. Der Geltungsgrund ist die Macht der Gewohnheit, nicht die Gewalt des Staates. Dabei müssen zwei Tatbestände verwirklicht sein:
   a) objektiv eine Kette tatsächlichen, langdauernden, gleichförmigen Verhaltens, wie wenn eine Norm gegeben und zu befolgen wäre;
   b) subjektiv die Ueberzeugung der Beteiligten, zu solchem Verhalten rechtlich verpflichtet zu sein (opinio necessitatis); wenn diese Ueberzeugung, eine Norm als Rechtsnorm zu handhaben, fehlt (Handelsbrauch, Gerichtsbrauch, Verwaltungspraxis, Völkersitte), mangelt es an rechtsbildender Rechtsübung.

2. Wirkung ist die Erzeugung von Rechtsnormen (positiv: consuetudo = Gewohnheit) oder die Aenderung und Aufhebung von Rechtsnormen (negativ: desuetudo). Entstandenes Gewohnheitsrecht steht dem geschriebenen Recht an Geltungskraft gleich. Seine Schwäche bildet nicht eine mindere Intensität, sondern die erschwerte Beweisbarkeit, also geringere Rechtssicherheit. Der Staat kann die Rechtsübung einschränken (Codex iuris canonici 5, 25 ff.), sogar verbieten (Sächs. BGB 1863, § 28), aber auch ausdrücklich anerkennen (ZPO. § 293).

III. Verhältnis von Rechtsübung und Rechtsetzung

1. Rechtsübung ist im allgemeinen älter als Rechtsetzung, ohne aber in der geschichtlichen Entwicklung von letzterer abgelöst worden zu sein. Schon früh gab es einzelne geschriebene Rechtsnormen (lex duodecim tabularum [Gesetz der XII Tafeln]), heute noch gibt es zahlreiche ungeschriebene Rechtsnormen (Völkerrecht).

2. Gegenseitige Vorbereitung.
   a) Gewohnheitsrecht kann die Vorstufe gesetzten Rechtes sein. Gewohnheitsrecht kann besonders über private Aufzeichnung zu aufgeschriebenem,

schließlich geschriebenem Recht werden. Beispiele: Sachsenspiegel, Decretum Gratiani. Haager Landkriegsordnung 1899/1907.

b) Ein gescheiterter Gesetzentwurf oder fremdstaatliches Recht kann auf dem Wege der Rechtsübung Rechtsgeltung erlangen. Beispiele: Rezeption des römischen Rechts in Deutschland. Brüsseler Landkriegsdeklaration 1874. Londoner Seekriegsdeklaration 1909.

3. Widersprüche zwischen Rechtsübung und Rechtsetzung. Solche sind nach den allgemeinen Rechtsgrundsätzen zu lösen. Lex posterior derogat priori (das spätere Recht ändert das frühere ab). Lex superior derogat inferiori (das übergeordnete Recht geht dem untergeordneten vor; Bundesstaat).

a) Später gesetztes Recht geht früherer Rechtübung vor; der Gesetzgeber kann entstehendes oder entstandenes Gewohnheitsrecht unterdrücken, aber auch bestätigen.

b) Späteres Gewohnheitsrecht geht früherem gesetzten Recht vor. Gesetzesrecht kann durch Rechtsübung inhaltlich geändert oder auch ganz beseitigt werden.

C. Geschriebenes oder gesetztes Recht

Bezeichnungen: ius scriptum, lex, Satzung, Gesetz. Vorzug: Deutlichkeit und Dauerhaftigkeit. Nachteil: Gefahr der Erstarrung und Rückständigkeit. „Es erben sich Gesetz und Rechte wie eine ewige Krankheit fort . . . ."

I. Staat und Recht

Beide Erscheinungen sind begrifflich zu unterscheiden, aber untrennbar miteinander verbunden.

1. Kein Staat ohne Recht! Ohne Rechtsordnung kann keine Staatsordnung werden und bleiben. Staat ist die rechtlich geordnete Verbandseinheit eines Volkes. Es gibt keinen rechtlosen Staat, keinen Staat vor dem Recht.

2. Kein Recht ohne Staat! Die Geltungskraft des Rechts ist auch durch äußere Autorität bedingt. Ihr übergeordneter Wille schützt und erhält das Recht, indem er die Befolgung der Rechtsnormen sicherstellt. Solche Autorität bietet jede hinlänglich organisierte Verbandsgewalt, restlos und vollkommen die Staatsgewalt. Es gibt kein staatloses Recht, kein Recht vor dem Staat bzw. staatsähnlichen Verband.

3. Mehrheit von Staaten und Rechten. Nicht notwendig muß jedem Staat 1 Recht und jedem Recht 1 Staat entsprechen.

a) Möglicherweise bestehen in einem Staat mehrere Rechtsordnungen räumlich nebeneinander. So auf allen Rechtsgebieten mit Ausnahme des Verfassungsrechts; ein Staat kann nicht teils Monarchie, teils Republik sein. Dagegen können Privat-, Straf-, Verwaltungs-, Gemeinderecht usw. nach Staatsteilen verschieden sein. Beispiele: Vielheit der ehelichen Güterrechte in Deutschland vor 1900. Unterscheidung des landrechtlichen, gemeinrechtlichen und französisch-rechtlichen Gebietes im früheren Preußen. Verschiedenheit der Städte- und Landgemeindeordnungen daselbst. Verschiedenheit des Polizeirechts in den heutigen Ländern, z. B. Rheinland-Pfalz und Hessen.

b) Möglicherweise gilt eine Rechtsordnung für mehrere Staaten. So in völkerrechtlichen Staatenverbänden, im Staatenbund, gegenwärtig in der angloamerikanischen Bizone. Beispiele: ADWO. 1847, ADHGB. 1861. Bisheriges Reichsrecht als übereinstimmendes Landesrecht der neudeutschen Länder. Weltpostvereinsrecht.

4. Rechtsquellen. Wie der natürlichen Quelle die Materie des Wassers entströmt, die Kraft des Wassers aber auf anderen Gegebenheiten beruht, so entsprechend beim Recht. Wir unterscheiden:

a) Rechtsstoffquelle ist jeder organisierte Verband, zuhöchst der Staat.

b) Rechtskraftquelle ist die öffentliche Verbandsgewalt, letztlich originär die Staatsgewalt, neben ihr jedoch als heterogene (andersartige) hoheitliche Gewalt die Kirchengewalt.

c) Rechtserkenntnisquellen sind Rechtsurkunden, Rechtsbücher, Gesetz- und Verordnungsblätter. Beispiele aus der Vorzeit: die ägyptisch-babylonischen Papyri, die römischen zwölf Tafeln. Vgl. Goethes „Faust": „Was willst du böser Geist von mir? Erz? Marmor? Pergament? Papier?"

II. Unmittelbar-staatliche Rechtsetzung

Diese erfolgt entweder obrigkeitlich durch Gesetz und Verordnung oder vereinbarlich durch Vertrag.

1. Obrigkeitlich durch Gesetz

Gesetz ist der erklärte Wille des Staates, daß eine Norm als Rechtsnorm gelten soll. Gesetzgebung ist die dahin lautende Erklärung des Staatswillens durch die dazu berufenen Organe (gesetzgebende Faktoren) in dem ververfassungsmäßig bestimmten Verfahren (Weg der Gesetzgebung).

a) Außer dem formellen Gesetz kennen Theorie und Praxis das materielle Gesetz. Formelles Gesetz ist jeder legislative Akt ohne Rücksicht auf seinen Inhalt. Materielles Gesetz ist jede Rechtsnorm ohne Rücksicht auf ihre Entstehungsform. Im allgemeinen ist jedes formelle Gesetz zugleich materielles Gesetz. Doch bestehen Ausnahmen; es gibt einerseits formelle Gesetze ohne Rechtsnorminhalt (Haushaltsplan, Amnestie), anderseits materielle Gesetze durch Verwaltungsakt (Rechtsverordnung, Rechtssatzung) oder durch Justizakt (RVerf. 1919 Art. 13; Entscheidungen der Staatsgerichtshöfe neudeutscher Länder).

b) Die gesetzgebenden Faktoren bestimmt die Verfassung; sie sind nach Staatsformen verschieden. Vgl. etwa ALR. II 13 § 6. Preuß. VerfUrk. 1850 Art. 62. RVerf. 1871 Art. 5, RVerf. 1919 Art. 68 ff. Preuß. Verf. 1920 Art. 6, 29.

Im NS-Staat gab die Gesetze der Führer entweder allein (Führererlaß) oder mit Reichsregierung oder Reichstag oder Reichsvolk.

Nach den neudeutschen Länderverfassungen beschließt die Gesetze der Landtag, in Sonderfällen das Landesvolk.

c) Den Inhalt eines Gesetzes bildet — von den zu a) erwähnten Sonderfällen abgesehen — die Aufstellung von Rechtsvorschriften, welche für alle gelten, insbesondere für die Bürger verbindlich sind, ihnen Pflichten oder Rechte geben können. Wenn ein Gesetz den Rechtsbestand im Ganzen, wenigstens für ein bestimmtes Rechtsgebiet, mit der erkennbaren Tendenz erschöpfender Behandlung regelt, spricht man von „Kodifikation"

d) Die Form des Gesetzes, den Weg der Gesetzgebung, bestimmt die Verfassung eines jeden Staates. Gewöhnlich spielt sich der Gesetzgebungsvorgang in fünf Stufen ab:

Gesetzesvorschlag, Feststellung des Gesetzesinhalts, Erteilung des Gesetzesbefehls (Sanktion), Ausfertigung und Verkündung. Hinweis auf die Gesetzblätter und auf das Problem des richterlichen Prüfungsrechtes.

e) Im Bundesstaat ergibt sich aus der Gesetzgebungskompetenz sowohl der Gliedstaaten als auch des Gesamtstaates die Notwendigkeit einer Abgrenzung der beiderseitigen Bereiche. In der Regel spricht die Vermutung für die Zuständigkeit der Gliedstaaten. Wegen der Ueberordnung des Bundes gehen aber die Bundesgesetze den Landesgesetzen vor. Vgl. RVerf. Art. 13: Reichsrecht bricht Landesrecht. Im gegenwärtigen Deutschland gehen die Kontrollratsgesetze den Ländergesetzen vor.

2. Obrigkeitlich durch Verordnung

Hier ist die Exekutive zur Rechtsetzung berufen. Doch können Regierungsorgane und Verwaltungsbehörden nur mit Ermächtigung der gesetzgebenden Faktoren Rechtsvorschriften im Verordnungswege geben, d. h. Rechtsverordnungen (Gegensatz Verwaltungsverordnungen) erlassen. Eine Rechtsverordnung ist formell Regierungs- bzw. Verwaltungsakt, materiell Gesetz. Die wichtigsten Arten der Rechtsverordnungen sind die Notverordnungen (provisorische Gesetze), die gesetzvertretenden Verordnungen (so im Dritten Reich die VOen des Ministerrats für die Reichsverteidigung), die AusführungsVO. (sofern sich diese nicht lediglich an den Staatsapparat wenden) und die PolizeiVO. Näheres über Organe, Inhalt und Form der VO. bestimmen die Verfassungen und Gesetze. Die Führererlasse im Dritten Reich waren mangels Erfordernisses einer legislativen Ermächtigung keine Rechtsverordnungen im vorstehenden Sinne.

3. Vereinbarlich durch Vertrag

Beim Staatsvertrag erfolgt die Rechtsetzung auf der Grundlage der Gleichordnung im Wege der Vereinbarung. Von solchen rechtsetzenden Staatsverträgen (Rechtsvereinbarungen) sind die rechtsgeschäftlichen (rechtsanwendenden) Staatsverträge als Verträge im engeren Sinne wohl zu unterscheiden. Vereinbarungen können völkerrechtlich mit fremden Staaten, staatsrechtlich innerhalb eines Bundesstaates, verwaltungsrechtlich zwischen Staat und Selbstverwaltungskörpern abgeschlossen werden. Näheres über Organe, Form und Inhalt der Vereinbarungen bestimmen nächst dem Völkerrecht die Verfassungen.

III. Mittelbar-staatliche Rechtsetzung

Diese geschieht mit staatlicher Ermächtigung und unter staatlicher Aufsicht durch die mit Autonomie ausgestatteten öffentlichen Verbände im Staat. Auch hier kann hoheitliche und vereinbarliche Rechtsbildung unterschieden werden.

1. Obrigkeitlich, wenngleich in Beschlußform, ergehen die Rechtssatzungen im Staat bestehender persönlicher, örtlicher oder beruflicher Verbände. Ein mit Satzungsbefugnis ausgestatteter Personalverband dieser Art war früher in Deutschland der Hohe Adel. Zu ihm gehörten die 1806 mediatisierten, die weiterhin depossedierten und die 1918 entthronten Dynastien. Der Umkreis des hohen Adels stand also im Gegensatz zum niedern Adel durch die geschichtliche Entwicklung fest. Den Gegenstand

seiner Autonomie bildete vornehmlich Vermögens-, Familien- und Erbrecht. Autonomie besitzen heute die örtlichen und überörtlichen Verbände der kommunalen Selbstverwaltung (Gemeinden, Gemeindeverbände, Zweckverbände) sowie die beruflichen Verbände der wirtschaftlichen, sozialen oder kulturellen Eigenverwaltungen. Die Ausübung der Autonomie geschieht durch hoheitlichen Beschluß der zuständigen Verbandsorgane mit nachfolgender staatsaufsichtlicher Bestätigung.

2. Vertragliche Vereinbarungen rechtsetzenden Inhaltes können zunächst zwischen den vorbezeichneten örtlichen oder beruflichen Verbänden untereinander, sodann aber auch zwischen an sich privatrechtlichen Gruppen abgeschlossen werden, denen der Staat eine öffentlich-rechtliche Regelungsbefugnis zuerkannt hat. Das Hauptbeispiel dafür stellten bis 1933 und stellen wieder seit 1945 die Tarifverträge dar, welche zwischen den Gewerkschaften und den Arbeitgeberverbänden abgeschlossen werden und verbindliche Vorschriften für die Gestaltung der Einzelarbeitsverträge aufstellen.

IV. Außerstaatliche Rechtsetzung

Solche findet statt in der Kirche, zwischen Kirche und Staat, zwischen Staaten der Völkerrechtsgemeinschaft. Im Dritten Reich existierte noch eine eigenartige, angeblich originäre nichtstaatliche Rechtsbildungsbefugnis der NSDAP.

1. Rechtsetzung in der Kirche

Vom einseitig staatlichen Standpunkt aus wäre nicht nur jede evangelische Landeskirche, sondern auch die katholische Kirche als autonomer Verband, daher ihre Regelung als autonome Satzung zu betrachten. Diese Annahme widerspricht aber jedenfalls für die katholische Kirche der Wirklichkeit. Von ihrem Standpunkt aus gesehen bildet die Kirche einen dem Staat gegenüber heterogenen Verband, aber eine societas perfecta (vollkommene Gesellschaft) mit eigenständiger Gewalt und originärer Rechtsbildungsbefugnis. Organe, Gegenstände und Formen der kirchlichen Rechtsbildung bestimmen sich nach dem kirchlichen Verfassungsrecht.

Kirchliche Gesetzgebungsfaktoren: Papst, Bischöfe; Landeskirchentag (Synode), Landeskirchenrat (Konsistorium).

2. Rechtsetzung zwischen Kirche und Staat

Konkordate sind im Unterschied von kirchlich-staatlicher Parallelgesetzgebung (einerseits päpstliche Bullen, so 1821 ff., anderseits staatliche Gesetze) rechtsetzende Verträge — Vereinbarungen — zwischen Staat und Kirche, deren Rechtscharakter nicht unstreitig, deren Rechtsverbindlichkeit aber unbestreitbar ist.

Vgl. die Konkordate von 1122, 1801, 1817, 1925, 1929, 1933.

3. Rechtsetzung zwischen Staaten

In Betracht kommen Vereinbarungen zwischen den Mitgliedern der Völkerrechtsgemeinschaft oder engerer Vereinigungen wie Völkerbund, UN, Weltpostverein usw. Internationale Rechtsbildung — neben der gewohnheitsrechtlichen Rechtsübung — geschieht in Form des völkerrechtlichen Vertrages. Dieser bildet im Völkerrecht gleichzeitig die Rechtsform für die rechtsetzende Vereinbarung wie für das rechtanwendende Rechtsgeschäft. Es handelt sich auch hier um außerstaatliche, nicht innerstaatliche, noch weniger überstaatliche Rechtsetzung; allerdings muß der zwischenstaatlichen Vereinbarung die innerstaatliche Verankerung durch Gesetz oder Verordnung nachfolgen. Die Bindung der Staaten an die allgemein anerkannten Regeln des Völkerrechts hat vielfach in neueren Verfassungen besonderen Ausdruck gefunden; so in der Reichsverfassung 1919 Art. 4 und in den neuen Länderverfassungen.

5. Kapitel

Rechtsanwendung

Alles Recht wird gebildet, um auf die rechtserheblichen Lebensverhältnisse der Menschen und der menschlichen Verbände Anwendung zu finden. Den rechtsanwendenden Stellen erwächst eine dreifache Aufgabe: 1. Feststellung des konkreten rechtserheblichen Sachverhalts (quaestio facti, Frage nach dem Sachverhalt), 2. Feststellung der in concreto maßgeblichen abstrakten Rechtsvorschriften (quaestio iuris, Frage nach der Rechtsvorschrift); 3. Anwendung der abstrakten Rechtsnormen auf den konkreten Sachverhalt (subsumtio, Unterordnung). Die Rechtsanwendung setzt somit die Klärung des Falles und die Klärung des Rechtes voraus.

A. Feststellung des Rechtsfalles

Die Ermittlung und Klärung des konkreten rechtserheblichen Sachverhalts ist Aufgabe des juristischen Praktikers (z. B. des Richters, des Staatsanwalts, des Verwaltungsbeamten). Rechtlich erheblich sind Zustände, Vorgänge, Willenshandlungen. Zur Ergänzung der sinnlichen Wahrnehmungen und der logischen Folgerungen bietet das Recht einige besondere Handhaben für die tatsächliche Feststellung.

I. Machtmittel

Die Rechtsordnung gewährt ihren Trägern Machtmittel zur einwandfreien Ermittlung rechtlich bedeutsamer Tatbestände.

Vgl. z. B. die Verfahrensvorschriften über Beweiserhebung und Beweissicherung, über polizeiliche und steuerliche Ermittlungen.

II. Rechtliche Mittel

Die Rechtsordnung erleichtert die feststellende Tätigkeit der Behörden durch Rechtsvermutungen und Fiktionen.

1. Sie stellt Rechtsvermutungen auf. Die Lehre unterscheidet Rechtsvermutungen i. e. S. (z. B. BGB. § 891) und Tatsachenvermutungen (z. B. BGB. § 20). Beide entheben der Notwendigkeit weiterer Ermittlung, gestatten z. B. dem Richter die prüfungslose Hinnahme eines von der Partei behaupteten Sachverhaltes. Allerdings ist Gegenbeweis durch den Prozeßgegner zulässig. Nur in wenigen Fällen wirkt die Vermutung so stark, daß der Gegenbeweis ausgeschlossen ist. Die widerlegbare Vermutung wird als praesumtio iuris, die unwiderlegbare als praesumtio iuris et de jure bezeichnet.
   Beispiele für w. V.: BGB. §§ 18—20 (bzw. jetzt VerschollenheitsG. 1939), 891, 1591. Preßgesetz § 20 II. ZPO. § 292. Beispiele für u. V.: ZPO. §§ 39, 269; KO. § 108 II. Altersgrenze im Beamtenrecht.
2. Sie begründet Fiktionen, d. h. unterstellt Tatsachen als vorhanden, die möglicherweise gar nicht existieren. Das Gesetz verlangt z. B. vom Bürger ein rechtliches Verhalten oder vom Richter eine rechtliche Behandlung,

wie wenn ein bestimmter Sachverhalt verwirklicht wäre, dessen Bestehen ungewiß oder dessen Nichtbestehen gewiß ist.

Beispiele: In einer Badeordnung war bestimmt: Das Betreten des Frauenbades ist Männern verboten; der Badewärter gilt nach dieser Badeordnung als Frau. BGB. §§ 892, 1923. Ehegesetz § 11 Abs. 2. Fiktionstheorie bei juristischen Personen.

B. Feststellung der Rechtsvorschriften

Eine solche ist in einer Reihe von Fällen erforderlich. Sie obliegt vorbereitend dem Theoretiker, abschließend dem rechtsanwendenden Praktiker.

I. Feststellung des zeitlich, örtlich und artlich maßgebenden Rechtes

1. Welches von mehreren zeitlich verschiedenen Rechten ist im konkreten Fall anwendbar? Das Problem des intertemporalen Rechtes — z. B. des zwischenzeitlichen Privatrechtes, des zwischenzeitlichen Strafrechtes — entsteht, wenn ein rechtserheblicher Sachverhalt sich über eine Zeitspanne erstreckt, während welcher die maßgebende Rechtsvorschrift sich ändert. Für diesen Fall gibt es besondere Normen („Übergangsrecht"), welche darüber Aufschluß geben, ob der Sachverhalt nach dem alten oder neuen Recht zu beurteilen ist. Ein Sonderfall ist die sog. „rückwirkende Kraft" neuer Rechtsnormen; solche ist niemals zu vermuten, sondern stets durch ausdrückliche Anordnung bedingt, im Strafrecht der Kulturstaaten ausgeschlossen.

   Beispiele: Ein Pacht- oder Ehe- oder Erbvertrag ist vor 1900 geschlossen, ein Testament vor 1900 errichtet; der Beurteilungsfall tritt nach dem 1. Januar 1900 ein. EG. BGB. Art. 153 ff, z. B. Art. 200, 214. Eine strafbare Handlung (z. B. Mord) ist unter der Herrschaft früheren Strafrechts begangen, gelangt unter der Herrschaft neuen Strafrechts (z. B. nach der Abschaffung der Todesstrafe) zur Aburteilung. StrafGB. § 2 II: Grundsatz der Anwendung der milderen Strafnorm.

2. Welches von mehreren örtlich verschiedenen Rechten ist auf einen Sachverhalt anzuwenden? Das Problem des internationalen Rechts (Lehre von der Statutenkollision) — z. B. des int. Privat-, Straf-, Prozeß-, Verwaltungsrechts — entsteht, wenn irgend ein internationaler Tatbestand vorliegt. Für diesen Fall bestehen besondere Vorschriften („Kollisionsnormen"), die darüber Aufschluß geben, nach welchem der mehreren in Betracht kommenden nationalen Rechte der Sachverhalt zu beurteilen ist. Maßgeblich kann z. B. die Staatsangehörigkeit der Beteiligten, der Ort des Geschäftsabschlusses, der Erfüllungsort, die Belegenheit der Sache, die Rechtshängigkeit im Prozesse sein. Das als maßgeblich ermittelte nationale Recht ist sodann anzuwenden.

   Beispiele: Ein Deutscher und ein Franzose schließen in Holland einen Kaufvertrag über ein belgisches Grundstück. Ein Engländer heiratet in Dänemark eine Russin. Ein Norweger testiert in Italien über sein in Spanien belegenes Vermögen. Welches Gericht ist für die Klage eines Schweizers gegen einen Bulgaren aus einem in Innsbruck geschlossenen, in München zu erfüllenden Vertrage zuständig? Nach welchem Recht ist ein Betrug, den ein Belgier in Deutschland zum Schaden eines Österreichers verübt, zu bestrafen? Nationale

Kollisionsnormen im EG. BGB. Art. 7 bis 31. Internationale Kollisionsnormen in den Haager Abkommen 1902/05.

Neuestens entwickelt sich in Deutschland wegen der bedauerlich zunehmenden Rechtszersplitterung nach Zonen und nach Ländern ein dem internationalen Recht entsprechendes und seine Grundsätze übernehmendes interzonales und sogar interterritoriales Recht auf denjenigen Gebieten, auf welchen die Rechtsgestaltung nicht mehr reichseinheitlich und auch nicht zoneneinheitlich ist.

3. Welches von mehreren artlich verschiedenen Rechten ist in concreto (im Einzelfall) anzuwenden? Wenn ein Sachverhalt möglicherweise nach einem Sonderrecht oder nach entweder dem einen oder dem anderen zweier gegenständlich konkurrierender Rechte zu beurteilen ist, muß zunächst die maßgebende Rechtsart festgestellt werden, um sodann nach dieser zu entscheiden.

   Beispiele: Bürgerliches oder Handelsrecht, Gemeines- oder Steuerstrafrecht, Beamten- oder Arbeitsrecht, Staats- oder Kirchenrecht, Reichs- oder Landesrecht? Rechtsgrundsätze: Sonderrecht geht vor allgemeinem Recht, Völkerrecht, soweit anerkannt, vor nationalem Recht.

II. Feststellung des Bestehens, insbesondere der Echtheit und Rechtsgültigkeit des zuständigen Rechts

1. Beim gesetzten Recht ist sorgsam zu prüfen, ob die Vorschrift echt, verfassungsmäßig und noch gültig ist.
   a) Echt-authentisch. Die Unechtheit des Textes kann auf einem Redaktionsfehler (die unrichtige Orginalurkunde ist „richtig“, ihr Inhalt folglich unrichtig abgedruckt) oder auf einem Druckfehler (die richtige Originalurkunde ist unrichtig abgedruckt) beruhen. Es bedarf dann, da der Abdruck im Gesetzblatt oder sonstigen Verkündungsorgan für authentisch gilt, einer Berichtigung an gleicher Stelle. Bis dahin gilt an und für sich der unrichtige Text, doch dürfen offenbare Unrichtigkeiten korrigiert werden.
   b) Verfassungsmäßig. Dem rechtsanwendenden Praktiker war nach der früher (und im Dritten Reich) herrschende Lehre die Nachprüfung der Frage, ob ein Gesetz in den verfassungsmäßig vorgeschriebenen Formen der Gesetzgebung zustande gekommen sei, entzogen; neuerdings haben oberste Gerichtshöfe, vor allem das RG. in der Entscheidung vom 4. November 1925 (RGZiv. 111, 320), das „richterliche Prüfungsrecht“ bejaht. Dagegen wurde dem Praktiker bisher schon und wird ihm vollends heute das Recht zuerkannt, zu prüfen, ob eine Rechtsverordnung oder Satzung mit dem formellen Gesetz, ob ein einfaches Gesetz mit der Verfassung, ob Landesrecht mit dem Reichsrecht (heute mit den Kontrollratsgesetzen) vereinbar sei.
   c) Noch geltend. Vor der Rechtsanwendung ist zu prüfen, ob die Rechtsvorschrift noch in Kraft steht, ob sie nicht durch Zeitablauf (bei befristeter Geltung) erloschen, durch anderweitige Rechtsetzung oder Rechtsübung außer Kraft gesetzt oder gar durch außerordentliche Ereignisse (Krieg, Umsturz) vernichtet worden sei.
2. Beim Gewohnheitsrecht ist noch viel sorgsamer zu prüfen, ob durch Erfüllung der tatsächlichen Voraussetzungen ein Rechtsübungssatz als ent-

standen anzunehmen, ob ein solcher nicht durch gegenteilige Rechtsbildung ausdrücklich oder stillschweigend (desuetudo, das Gegenteil von consuetudo) wieder außer Kraft gesetzt ist.

III. Auslegung des Rechts

1. Gemeinsames. Vielfach ist noch eine Auslegung (Interpretation) unvollkommenen, d. h. lückenhaften oder unklaren Rechtes notwendig. Auslegung ist sowohl theoretische Erwägung als auch praktische Tätigkeit. Sie besteht im Auslegen des wahren, nicht im Unterlegen des gewünschten Sinnes. Vgl. Goethe in „Faust I": „Im Auslegen seid frisch und munter, legt ihr's nicht aus, so legt was unter."

Die Auslegung von Gesetzen darf auch nicht subjektiv — tendenziös i. S. einer Weltanschauung oder Staatsauffassung —, sondern muß objektiv = sachlich erfolgen. Ersteres war im Dritten Reich nicht nur zugelassen, sondern vorgeschrieben. Das Musterbeispiel dafür bildete § 1 Abs. 1 des SteueranpG. vom 16. Oktober 1934, welcher lautete:

„Die Steuergesetze sind nach nationalsozialistischer Weltanschauung auszulegen."

Diese Rechtsvorschrift ist durch den Zusammenbruch der nazistischen Diktatur außer Geltung getreten. Zur völligen Klarstellung hat das Kontrollratsgesetz Nr. 12 vom 11. Februar 1946 in Art. I bestimmt:

Alle deutschen Steuergesetze sind ohne Unterschied der Rasse, des Glaubens, der Staatsangehörigkeit oder der politischen Einstellung anzuwenden. Alle gesetzlichen Bestimmungen, die mit diesem Grundsatz unvereinbar sind, werden aufgehoben, insbesondere diejenigen, die vorschreiben, daß die deutschen Steuergesetze im nationalsozialistischen Geiste zu verstehen und auszulegen sind.

Vgl. auch schon das Mil.-Reg.Gesetz Nr. 1, Art. III: Die Auslegung oder Anwendung des deutschen Rechtes nach nat.-soz. Grundsätzen, gleichgültig, wann und wo dieselben kundgemacht wurden, ist verboten.

Für die Auslegung von Rechtsätzen — entsprechend übrigens von rechtsgeschäftlichen Willenserklärungen — haben sich bestimmte Regeln ausgebildet. Dabei ist zu unterscheiden.

2. Auslegung von Rechtsvorschriften zwecks Anwendung auf den tatbestandsmäßigen Sachverhalt

a) Oft muß schon der Wortlaut — bei verwickelter und unklarer Gesetzesprache, ebenso bei Verweisungen, Weiterverweisungen und Rückverweisungen — ermittelt werden.

„Musterbeispiele" enthalten die §§ 881, 2316 Abs. 4 BGB. Unfug der Verweisung auf kaum auffindbare ältere Vorschriften. Welches sind die als einem neuen Gesetz „entgegenstehend" außer Kraft gesetzten Bestimmungen? Gesetzgeberische oder redaktionelle Flüchtigkeiten in der Kriegs- und Nachkriegszeit und besonders in der Gegenwart.

b) Darüber hinaus ist der Wortsinn eines Gesetzes — ebenso gemäß BGB. § 133 einer Willenserklärung — zu ermitteln. In Betracht kommt:

1. Grammatisch-sprachliche Ermittlung auf Grund des klaren oder geklärten Wortlautes.
2. Logische Ermittlung des im Gesetz objektivierten Willens des Gesetzgebers unter Berücksichtigung von Bedeutung, Zweck und Ziel der

Vorschrift, insbesondere in politischer, wirtschaftlicher, sozialer und kultureller Hinsicht.

3. Historische Ermittlung des Willens des damaligen Gesetzgebers; Bedeutung der Präambeln und Vorsprüche, der Entwürfe, Denkschriften und Begründungen, sowie der parlamentarischen Verhandlungen und Regierungserklärungen.

c) Das Verhältnis zwischen Wortlaut und Wortsinn betrifft die ausdehnende oder einengende Auslegung.

Ausdehnende Auslegung (extensive Interpretation) ist unter normalen Verhältnissen eines geordneten Kulturstaates bei Ausnahmebestimmungen und vor allem im Strafrecht unzulässig; Ausnahmen im Dritten Reich und in einigen Fremdstaaten.

Einengende Auslegung (restrictive Interpretation) ist verbindlich für alle Ausnahmen von einer Regel, für alle Durchbrechungen eines Grundsatzes.

Beispiele: Unter „Kindern" sind im Zweifel nur eheliche, nicht auch uneheliche, nur natürliche, nicht auch adoptierte zu verstehen. Alle Ausnahmen der früheren Gewerbefreiheit waren einengend auszulegen. Alle Durchbrechungen der verfassungsmäßigen Grundrechte sind einengend auszulegen.

d) Authentische Auslegung. Maßgeblich können Rechtsvorschriften durch die ausdrücklich oder stillschweigend rechtsbildende Stelle selbst ausgelegt werden. Man unterscheidet Legalinterpretation bei geschriebenem, Usual-Interpretation bei ungeschriebenem Recht. Älteres Beispiel: RVerf. 1919, Art. 61 Abs. 2.

3. Auslegung von Rechtsvorschriften zwecks Anwendung auf andere als die in der Vorschrift tatbestandsmäßig normierten Sachverhalte. Solche Auslegung ist teils zulässig (Analogie), teils unzulässig (Umkehrschluß).

a) Analogie — sinngemäße Anwendung — besteht in der Anwendung einer einen bestimmten Tatbestand regelnden Vorschrift auf einen von ihr an und für sich nicht betroffenen, aber ähnlich liegenden anderen Sachverhalt, weil die ratio legis (Grundgedanke des Gesetzes) auch letzteren deckt.

Beispiele: Erstreckung gemeinrechtlicher Haftungs- bzw. Nichthaftungsvorschriften auf Speise- und Schlafwagen. Erstreckung der Anfechtbarkeit wegen Irrtums über Sachen auf Irrtum über Rechte. Übertragbarkeit zivilprozessualer Vorschriften auf den Verwaltungsprozeß? Anwendbarkeit der Blockaderegeln auf Seesperre und U-Bootkrieg?

b) Umkehrschluß (argumentum e contrario) ist der Fall, daß die ratio legis einer einen bestimmten Tatbestand regelnden Norm die Anwendung dieser Norm auf andere, obwohl ähnliche Sachverhalte erkennbar ausschließt. Er liegt bei Ausnahmebestimmungen, bei Einschränkungsnormen sowie beim Strafrecht vor. Nullum crimen sine lege, nulla poena sine lege: Keine Handlung ist strafbar, wenn das Gesetz dies nicht vorher, d. h. vor ihrer Begehung, bestimmt hat; keine Strafe ist verhängbar, die das Gesetz nicht vorher bestimmt hat.

Beispiele: Der Diebstahlsparagraph ist unanwendbar auf herrenlose Sachen. Die in RVerf. 1919 Art. 48 II nicht genannten Grundrechte waren nicht suspendierbar.

4. Lücken in der Rechtsordnung
Ihre Schließung ist geboten. Wie kann sie erfolgen?

a) Tatbestand der „echten Lücken": Für einen rechtserheblichen Sachverhalt ist keine Rechtsvorschrift vorhanden, die Ausfüllung der Lücke mittels ausdehnender Auslegung oder im Wege der Analogie versagt. Gelingt solche Ausfüllung, so lag bloß eine „unechte Lücke" vor.

b) Die Wirkung ist verschieden, je nachdem der Gesetzgeber die „echte Lücke" bewußt oder unbewußt gelassen hat. Bewußt gelassene Lücken sollen der Regelung entbehren, sie dürfen und können nicht geschlossen werden. So bei Verweisung auf Treu und Glauben, gute Sitten, Handelsbrauch, Verkehrssitte, Freies Ermessen, Internationale Moral.
Unbewußt gelassene Lücken dürfen und sollen geschlossen werden. Für die Art und Weise ihrer Ausfüllung gibt der Gesetzgeber bisweilen Fingerzeige. Mangels solcher sind sie aus den leitenden Grundgedanken der Rechtsordnung heraus (nicht willkürlich nach „Rechtsgefühl" oder gar „gesundem Volksempfinden") zu schließen; ferner geben dafür Handels- und Verkehrsbrauch, Verwaltungs- und Gerichtspraxis, rechtswissenschaftliche Forschungsergebnisse Anhaltspunkte.
Beispiele für legislative Fingerzeige: Österreichisches BGB. 1811. Schweizerisches Zivilgesetzbuch 1907 § 1: „. . . so soll der Richter nach der Regel entscheiden, die er als Gesetzgeber aufstellen würde; er folgt dabei bewährter Lehre und Überlieferung." Prisenhofabkommen vom 18. Oktober 1907, Art. 7: „. . . so entscheidet das Gericht nach den allgemeinen Grundsätzen der Gerechtigkeit und der Billigkeit."

C. Anwendung des Rechts

Dem Theoretiker gebührt die Auslegung, dem Praktiker außerdem die Anwendung des Rechts.

I. **Jedermann** wendet das Recht tagtäglich unausgesetzt an, bewußt und unbewußt. Dabei setzt das Recht voraus, daß jeder es kenne. Lex vigilantibus scriptum est: Das Recht ist für die Wachsamen geschrieben. Ignorantia iuris nocet: Unkenntnis des Gesetzes schadet.

1. Man wendet das Recht an, indem man objektiv-rechtlich verliehene „subjektive Rechte" — z. B. Zeugnisverweigerungsrecht, Wahlrecht, Petitionsrecht — ausübt, wozu rechtlich (aber möglicherweise sozial, wirtschaftlich, politisch) kein Zwang besteht; oder indem man von objektivrechtlich zuerkannten Fähigkeiten — z. B. Geschäfts-, Testierfähigkeit — Gebrauch macht, was gleichfalls rechtlich freisteht.

2. Man wendet das Recht auch an, indem man von den rechtlich gebotenen Möglichkeiten Gebrauch macht.

a) Normaler Gebrauch — wobei die Rechtsanwendung nicht Selbstzweck, sondern Mittel zur Erreichung eines außerrechtlichen wirtschaftlichen oder sozialen Zweckes ist — findet z. B. in folgenden Fällen statt:
Rechtsgeschäfte, Verträge, Übereignung, Eheschließung, Erbeinsetzung, Vereinsgründung, Stiftung, Prokuraerteilung, Ausstellung von Scheck

und Wechsel. Inanspruchnahme von Behörden, Benutzung von öffentlichen Anstalten: Schule, Krankenhaus, Post, Eisenbahn, Gaswerk.

Das so gehandhabte Recht kann zwingend oder nachgiebig sein. Dem zwingenden oder unabdingbaren Recht (ius cogens) können sich die Beteiligten weder einseitig noch durch Vereinbarung, sei es untereinander, sei es mit der Behörde, entziehen. Beim nachgiebigen, nicht zwingenden, abdingbaren Recht (jus dispositivum) gilt die Rechtsvorschrift nur, wenn ein anderweitig erklärter oder mutmaßlicher Parteiwille nicht vorliegt.

Zwingend: Bei Obwalten eines öffentlichen Interesses, z. B. Schriftlichkeit der Bürgschaftserklärung, Beurkundung des Schenkungsversprechens, Grundbuchrecht, Vormundschaftsrecht; Tarife der öffentlichen Verkehrsanstalten; Inhalt der arbeitsrechtlichen Tarifverträge.

Nachgiebig: Auslegungsvorschriften für Rechtsgeschäfte, BGB. §§ 186, 270.

b) Anormaler Gebrauch, Mißbrauch des Rechts, „Umgehung des Gesetzes", agere in fraudem legis (unter Mißachtung des Gesetzes).

Scheingeschäfte und Scheinhandlungen, Verschleierungsgeschäfte, Schiebergeschäfte, Gründung von Handelsgesellschaften unter besonderer Rücksichtnahme auf die Steuergesetze. Mißbrauch von Formen und Gestaltungsmöglichkeiten des bürgerlichen Rechts zur Umgehung der Steuerpflicht, StAnpG. § 6.

3. Man wendet das Recht endlich an durch gesetzmäßiges Verhalten, indem man die Gesetze entweder unmittelbar durch Erfüllung der gesetzlichen, z. B. staatsbürgerlichen Pflichten oder mittelbar durch Erfüllung gesetzmäßig begründeter Verbindlichkeiten befolgt.

II. Damit gelangen wir zu der ungleich wichtigeren Anwendung des Rechtes **durch die Organe des Staates** und der übrigen öffentlichen Verbände, insbesondere der Selbstverwaltungskörper und der Kirchen.

1. Die gesetzgebenden Faktoren sind grundsätzlich zur Rechtsbildung, nicht zur Rechtsanwendung berufen. Nur ausnahmsweise wenden sie Recht an, so vor allem bei der alljährlichen Feststellung des Haushaltsplanes in der Form des Gesetzes.

2. Dagegen sind die Behörden nur ausnahmsweise zur Rechtsbildung (Erlaß von Rechtsverordnungen, von autonomen Satzungen) berufen; doch ist bei solcher Rechtsanwendung eine grundlegende Unterscheidung zwischen den Verwaltungsbehörden und den Justizbehörden zu machen.

a) Rechtsanwendung durch die Verwaltung. Alle Verwaltungstätigkeit gliedert sich in die freischöpferische, gesetzlich ungebundene Tätigkeit der „Regierung" und die gesetzlich gebundene, rechtsanwendende Tätigkeit der „Vollziehung".

aa) Die Tätigkeit der „Regierung" obliegt den obersten Staatsorganen (z. B. Regierung und Staatshaupt) sowie bestimmten Verwaltungsbehörden (z. B. Regierungspräsident, Landrat, Bürgermeister). Die Regierungsstellen haben zu regieren, d. h. den Staatswillen nicht in der Formulierung des Gesetzgebers zu vollziehen, sondern ihn selbständig zu bilden und demgemäß zu betätigen. Eine Rechtsanwendung kommt dabei nur insofern in Betracht, als jene Stellen nicht gegen die Gesetze oder gar die Verfassung verstoßen dürfen.

bb) Die Tätigkeit der „Vollziehung“ (z. B. durch die Polizei-, durch die Steuerbehörden, auf wirtschaftlich-sozialem Gebiet) bedeutet Durchführung der Rechtsvorschriften durch die Verwaltungsstellen. Wesentlich ist dieser Rechtsanwendung, daß sie nicht als Selbstzweck, sondern als Mittel zum Zweck der Förderung des Gemeinwohls aufzufassen ist. Durch diese Tätigkeit sollen nicht die einzelnen Paragraphen der Gesetze gehandhabt, sondern die durch die Aufstellung dieser Paragraphen vom Gesetzgeber angestrebten Ziele für das gemeine Beste verfolgt werden. Der Erreichung dieses Zieles dient einerseits die Einrichtung, daß die Verwaltungsstellen außer an die zu vollziehenden Gesetzesvorschriften auch an die allgemeinen Verwaltungsnormen und besonderen Dienstbefehle der vorgesetzten Behörden gebunden sind, anderseits die Einrichtung, daß die Verwaltungsstellen in besonders weitem Ausmaße das sog. freie Ermessen, natürlich nur im Rahmen der Gesetze, zu handhaben befugt und verpflichtet sind.

b) Rechtsanwendung durch die Justiz. In der Form der Justiz wird auch eine Reihe von Verwaltungsaufgaben erfüllt, hauptsächlich aber die Rechtspflege geübt. Auch die Zivil-, Straf- und Verwaltungsrechtspflege dient natürlich dem allgemeinen Wohl im Staat; ihre besondere Eigenart und ihr spezifischer Daseinszweck ist aber die Aufrechterhaltung der bestehenden Rechtsordnung. Die Anwendung des Rechts ist hier nicht Mittel zu einem andern Zweck, sondern Selbstzweck. Daraus ergeben sich wichtige Folgerungen.

aa) Der Richter ist, anders als der vollziehende Verwaltungsbeamte, nur an das Gesetz (gleich Rechtsnorm) gebunden, nicht an Verwaltungsnormen und Dienstbefehle. Vgl. die Verankerung dieses Grundsatzes in den alten und neuen Verfassungen.

bb) Der Richter ist anderseits dem Gesetz unbedingt untertan, also keineswegs befugt, davon abzugehen. Nur soweit das Gesetz selbst ihm größere Bewegungsfreiheit einräumt — vgl. z. B. BGB. §§ 138, 157, 242, 826, 1300, 1333, 1568 —, darf, ja muß er der Billigkeit und Angemessenheit Rechnung tragen und das ius aequum (Billigkeitsrecht) im Gegensatz zum ius strictum (strenges Recht) handhaben, damit nicht die Überspannung „fiat iustitia pereat mundus“ (es geschehe Recht, und wenn die Welt darüber zugrundegehen möge) wahr werde. An diesem Grundsatz der Gesetzestreue des Richters wird oft und wurde besonders im Dritten Reich gerüttelt. Man forderte und fordert größere Selbständigkeit des Richters gegenüber dem Gesetz. Richtig ist, daß der Richter auch die Interessenlage der Parteien beachten (Interessenjurisprudenz), die wirtschaftlichen Verhältnisse berücksichtigen (Recht und Wirtschaft) und dem natürlichen Volksempfinden Rechnung tragen soll (Volks- nicht Juristenrecht), aber befugt ist er dazu nur im Rahmen des Gesetzes, nur intra legem. Abzulehnen ist jedenfalls, daß der Richter zu korrigierender Gesetzesauslegung berufen sei; zwar befürwortet man heute wieder eine Bindung des Richters an das sog. Naturrecht, doch leiden darunter allemal Gesetzestreue und Rechtssicherheit. Die richtige Lösung besteht in der Änderung überalterter, unzweckmäßiger und ungerechter Gesetze durch den Gesetzgeber selbst.

Zweiter Teil

Rechtswissenschaft

6. Kapitel

Begriff und Wesen

A. Rechtswissenschaft als Sonderwissenschaft

I. Als Wissenschaft

Die Kulturerscheinung „Recht“ als Idee und als Realität kann praktisch und theoretisch Gegenstand geistiger Betätigung sein: Rechtskunst und Rechtswissenschaft.

1. Rechtskunst ist die vollendete Entfaltung praktischen Könnens auf dem Gebiete des Rechts. So gibt es eine Kunst der Gesetzgebung, der Rechtsanwendung, der Rechtsfindung, der Rechtsdarstellung. Das Geistesprodukt des Gesetzgebers, des Staatsmannes, des Richters, des Rechtsforschers, des Rechtslehrers kann nach Form und Inhalt ein Kunstwerk sein. Schon die Römer kannten und schätzten die Ars boni et aequi. Gegensatz: Technische Fertigkeit, Handwerksmäßigkeit, letzlich Pfuscherarbeit.
2. Rechtswissenschaft ist die Entfaltung theoretischer Geistesarbeit auf dem Gebiete des Rechts.
   a) Wissenschaft ist systematisches Erkennen erkennbarer Wahrheit. Sie entspringt dem Erkenntnisdrang und der Erkennensfreude. Sie berücksichtigt auch Wahrscheinlichkeiten und Möglichkeiten. Sie macht Halt vor dem Bereich des Glaubens. Wissenschaft erstrebt nicht Quantität von Einzelwissen („Bäume“) — sondern Qualität, d. h. wohlgefügtes systematisches Gesamtwissen („Wald“); ihr genügt nicht planlose, gelegentliche, bruchstückweise Arbeit, sondern ihr dient nur eine umfassende und wohldurchdachte Methode. Vgl. Hegel, Phänomenologie des Geistes, Vorrede: Vom wissenschaftlichen Erkennen.
   b) Rechtswissenschaft ist das systematische Erkennen der erkennbaren rechtserheblichen Dinge. Den Gegenstand bildet das gesamte Recht in Idee und Wirklichkeit, in Theorie und Praxis. Sie sammelt zunächst die Einzelerscheinungen des Rechtslebens; sie erschließt unter Vergleichung der rechtserheblichen Gegebenheiten und der diese regelnden Vorschriften durch Ermittlung und Wertung der Aehnlichkeiten und Unterschiede die Zusammenhänge zwischen Rechtstatsachen und Rechtsnormen; sie bereitet damit die Erkenntnis des ganzen Rechtsgebäudes, das bessere Verständnis für seine Einzelheiten als Teile des Ganzen, das volle Verständnis für die Einzelheiten als solche. So ermittelt und klärt die Rechtswissenschaft die Rechtsbegriffe, Rechtseinrichtungen, Rechtsgrundsätze und Rechtsprobleme.

Rechtsbegriffe — Definition mit Subsumtion — sind z. B. Rechtslage, Rechtsvorgang, Rechtshandlung, Rechtsgeschäft, Vertrag, Schuldvertrag, gegenseitiger Vertrag, Veräußerungsvertrag, Kauf.

Rechtseinrichtungen (Rechtsinstitute) sind z. B. Monarchie und Demokratie als Staatsform; Volksvertretung und Staatshaupt als Organe, Finanzamt und Magistrat als Behörden; Beamtentum und öffentlicher Dienst; OHG., GmbH., AG., e. V. als Vereinigungen.

Rechtsgrundsätze, die einer Rechtsordnung zugrunde liegen, beherrschen und meistern das Rechtssystem. Beispiele: demokratisches Prinzip, Rechtsstaat, Selbstverwaltung; ius sanguinis (das Recht des Blutes, der Abstammung) oder ius soli (das Recht des Bodens, des Staatshoheitsgebietes); Nichtrückwirkung der Strafgesetze; geschlossener Kreis der dinglichen Rechte, offener Kreis der schuldrechtlichen Typen.

Rechtsprobleme geben Anlaß zur Kritik und führen zu Vorschlägen de lege ferenda. Beispiele: Privat- oder Sozialeigentum, Sozialisierung, Staatserbrecht, Steuerbefreiungen, föderative oder unitarische Gestaltung eines Bundesstaates, Verhältnis zwischen Staat und Kirche, Verbindlichkeit des Völkerrechts für Einzelpersonen, Internationale Gerichtsbarkeit, Kriegsächtung.

II. Als Geisteswissenschaft

1. Nach den Grundelementen „Natur" und „Kultur" unterscheidet man Natur- und Geisteswissenschaften. Beide sind verschieden nach Gegenstand und Methode. Gemeinsam ist beiden die Ermittlung von Wahrheiten, die Feststellung von Gesetzlichkeiten in den Schranken der Erkennbarkeit.
2. Die Rechtswissenschaft ist eine Geisteswissenschaft. Ihr Gegenstand ist abstrakt, aber wirklich. Ihre Methode ist nicht Experiment, sondern Nachdenken. Induktiv werden aus den rechtlichen Gegebenheiten — Zuständen, Vorgängen und Vorschriften — die rechtlichen Begriffe, Grundsätze und Probleme abgeleitet; deduktiv wird aus diesen Ergebnissen das rechtswissenschaftliche System konstruiert.
3. Die Rechtswissenschaft gehört zur Untergruppe der Gesellschaftswissenschaften, deren Grundlage und Gegenstand die gesellige Natur und die gesellige Vereinigung der Menschen ist. Zur allgemeinen Gesellschaftswissenschaft (Soziologie) treten als besondere hinzu die verschiedenen Wirtschaftswissenschaften und die Staatswissenschaften. Vgl. unten Kap. 7 zu B, V.

III. Als Fachwissenschaft

1. Gemäß der historischen Entwicklung. Rechtswissenschaft war keine Spezialwissenschaft bei den Griechen, wo Rechtsfragen nur beiläufig bei philosophischen Betrachtungen oder bei politischen Maßnahmen mitbehandelt wurden; ebensowenig bei den Germanen, wo die das Recht handhabende und fortbildende Volksgemeinde einen Juristenstand überflüssig machte. Ausgebildet wurde die Rechtswissenschaft als Sonderwissenschaft bei den Römern, die sich durch überragende Rechtskultur und hervorragende Juristen auszeichneten, bei denen sich eigene Rechtsforschung und eigene Rechtsschulen entwickelten. Weiterhin gestaltete sich in Deutschland während des Mittelalters — im Rahmen der Kirche und besonders nach der Rezeption des römischen Rechts (vgl. unten § 12 zu A) — die Rechtswissenschaft zur

Fachwissenschaft; zu ihrer Pflege entstanden Sonderabteilungen der Jurisprudenz an den wissenschaftlichen Hochschulen, die bis zum Dritten Reich einen glänzenden Aufschwung zu verzeichnen hatten. Vgl. das bedeutsame Werk von Stintzing-Landsberg: Geschichte der deutschen Rechtswissenschaft, 1880 ff.

2. Gemäß der gegenwärtigen Lage. Die Rechtswissenschaft verfügt über besondere Pflanzstätten, besondere Forschung und Lehre, eigene Fachpraktiker und eigene Methode. Die rechtswissenschaftliche Fachausbildung erfolgt hauptsächlich auf den Universitäten in den entweder gesondert Juristischen oder vereinigt rechts- und wirtschaftswissenschaftlichen Fakultäten. Mit quantitativer Beschränkung werden aber auch auf anderen Hochschulen wichtige Rechtszweige gelehrt; in Betracht kommen namentlich Handels-, Technische, Landwirtschaftliche Hochschulen, Berg- und Forst-Akademien usw.; bemerkenswert ist auch die 1921 gegründete, 1947 erneuerte Akademie der Arbeit in der Universität Frankfurt. Mit außerdem qualitativer Beschränkung, in vor allem gemeinverständlicher Weise, werden einzelne Rechtsgebiete, namentlich staatsrechtliche Fragen, in Gestalt der Staatsbürgerkunde auf allen Unterrichtsanstalten — leider immer noch nicht in hinreichendem Ausmaß — mitberücksichtigt. Endlich bestehen Sondereinrichtungen für die Fortbildung auf rechts- und wirtschaftswissenschaftlichem Gebiet. So entstanden nach 1918 die hochschulähnlichen Verwaltungsakademien oder Beamtenhochschulen, die im Dritten Reich in bedauerlicher Weise politisiert wurden. Eine bemerkenswerte Neuschöpfung zur Ausbildung der Anwärter auf den höheren Verwaltungsdienst in den Ländern der französischen Besatzungszone ist die als Hochschule begründete Staatl. Akademie für Verwaltungswissenschaften in Speyer.

B. Aufgaben der Rechtswissenschaft

I. Theoretische Aufgabe

Die Rechtswissenschaft dient dem menschlichen Erkenntnistrieb auf dem Gebiete des Rechts. Sie hat zunächst die konkrete Rechtsordnung und ihre einzelnen Vorschriften nach Inhalt und Tragweite zu untersuchen, dabei Zweck, Ursprung, Entwicklung und Gestaltung der rechtlichen Einrichtungen und Normen zu ergründen. Sodann hat sie das gesamte System des positiv geltenden Rechtes zu konstruieren und darzustellen. Nicht zum letzten hat sie die Rechtsidee schlechthin zu prüfen und zu klären. Diese theoretische Geistesarbeit bildet wissenschaftlich einen Selbstzweck der Rechtsforschung.

II. Praktische Aufgabe

Die Rechtswissenschaft hat zugleich Vorarbeit zu leisten für die Anwendung des Rechts.

1. Die Rechtswissenschaft ist keine Rechtsquelle. Sie besitzt zwar die innere Autorität der Wahrheit, ermangelt aber der äußeren Autorität des hoheitlichen Rechtsdruckes. Wie der Naturwissenschaftler seinen Stoff nicht erzeugt, sondern fertig vorfindet und nur die Gesetzlichkeiten ermittelt und formuliert, so hat auch der Jurist den nicht selbstgeschaffenen, sondern anderweit dargebotenen Rechtstoff wissenschaftlich zu bearbeiten, grund-

sätzlich und systematisch zu erforschen und zu formulieren. Ausnahmsweise kann aber auch die Rechtswissenschaft, wenn der Gesetzgeber es so will, in Ergänzung des positiven Rechtes rechtsschöpferisch tätig werden. Vgl. Schweizerisches ZivilGB. § 1 („Bewährte Lehre"), oben § 5 zu B III am Ende.

2. Um so größere Dienste leistet die Rechtswissenschaft vorbereitend der A n - w e n d u n g des bestehenden Rechtes. Ihre Tätigkeit schiebt sich vermittelnd und fördernd zwischen Rechtsbildung und Rechtshandhabung ein. Windscheid hat diesen praktischen Zweck der Jurisprudenz mit den schönen Worten gekennzeichnet:

   „Wir wissen, daß die Rechtswissenschaft dazu da ist, um mitzuwirken, daß ein Recht vorhanden sei und ein Recht gesprochen werde, welches menschliche Interessen und Bedürfnisse zu befriedigen imstande sei. Es ist schön, sich im Aether reiner Erkenntnis zu wiegen, es ist schöner, für das Wohl der Menschheit zu arbeiten."

   So muß die Theorie dem Praktiker in Justiz, Verwaltung und Wirtschaft Vorarbeit leisten und möglichst abgeklärte Forschungsergebnisse bereitstellen. Die Praxis aber sollte solche Hilfe, die der Rechtsgelehrte dem Richter, dem Verwaltungsbeamten, dem Wirtschaftler, ja dem Volks- und Regierungsvertreter zu bieten vermag, nicht geringschätzen.

III. Politische Aufgabe

Rechtspolitisch beeinflußt die Rechtswissenschaft die Tätigkeit des Gesetzgebers. Wenn sie die Ergebnisse ihrer kritischen Wertung des geltenden Rechts zu Vorschlägen seiner Verbesserung oder Erneuerung verdichtet, so dient sie damit der praktischen Rechtsschöpfung. Deshalb gehört es zu den Aufgaben des Rechtsgelehrten, Gesetzentwürfe zu kritisieren und selbst neue Gesetze anzuregen. In diesem Sinne hat die Theorie wertvolle Beihilfe geleistet zur Vorbereitung und Vollendung des Bürgerlichen Gesetzbuches, bei der Entstehung der Weimarer Verfassung und bereits seit vielen Jahren für ein künftiges deutsches Strafgesetzbuch. Solche rechtspolitische Wirksamkeit des Rechtstheoretikers erreicht ihren Höhepunkt, wenn er Gelegenheit hat, selbst an den gesetzgeberischen Arbeiten als Abgeordneter oder Regierungsvertreter mitzuwirken. Beispiele aus der Zeit der Verfassunggebung 1919: Beyerle, Graf Dohna, Kahl, Radbruch, Sinzheimer.

C. Methoden der Rechtswissenschaft

Für die rechtswissenschaftliche Tätigkeit sind neben der allgemeinen wissenschaftlichen Arbeitsweise folgende besondere rechtswissenschaftlichen Methoden maßgebend.

I. Die rechtsgeschichtliche Methode

Ihre Besonderheit ist nicht der Gegenstand, sondern die Betrachtungsweise. Die Erforschung früherer Rechtszustände ist geschichtlich Selbstzweck, juristisch aber nur Mittel zum Zweck der vollkommenen Erkenntnis desjenigen Rechts, „das mit uns geboren ist". Der Rechtshistoriker verfolgt die Rechtszustände durch die einzelnen Entwicklungsepochen hindurch, er ermittelt die auf die Rechtsgestaltung einwirkenden äußeren und inneren Einflüsse, er stellt die Entwicklungstendenzen fest, er zieht die Nutzanwendung für das Verständnis, die Kritik und die Fortbildung des geltenden Rechts. Letzteres ist ihm das Ergebnis historischen Werdens. Auch rechtlich sind wir „die Schuldner vergangener Jahrhunderte".

II. Die rechtsdogmatische Methode

Sie betrachtet das Recht eines bestimmten Zeitpunktes, etwa der Gegenwart, und errichtet jenes rechtswissenschaftliche System, in welches die einzelnen rechtlichen Normen, Einrichtungen, Grundsätze und Probleme eingefügt werden. Zu diesem Zweck gilt es zu interpretieren, zu konstruieren, zu systematisieren.

1. Sie beginnt mit der Auslegung der positiven, geltenden Rechtsvorschriften. Vgl. oben § 5, B, III.
2. Sie schließt daran die logische Konstruktion der Rechtseinrichtungen und Rechtsgrundsätze. Diese synthetische Tätigkeit muß sowohl das Wesen als auch den Zweck der Rechtsnormen und Rechtsinstitute ergründen, gleichzeitig „Begriffsjurisprudenz" (im guten Sinne) und „teleologische" Jurisprudenz sein. Das Konstruktionsideal ist die Gewinnung eines einheitlichen Zweckprinzips für die ganze Rechtsordnung.
3. Sie endet mit der Systematik des Rechts, mit der Erzielung des allumfassenden und harmonisch gefügten Rechtssystems, dessen Vollendung insbesondere durch den Ausgleich zwischen begrifflich-formaler und rechts-teleologischer Systematik bedingt ist.

III. Die rechtsdynamische Methode

Schon die beiden vorerwähnten Methoden werden die in den Formen des Rechts sich auswirkenden lebendigen Kräfte mitberücksichtigen. Deren besondere, ja vorzugsweise Betonung ist die Eigenart der Rechtsdynamik. Ihr ist alles Recht bloß äußere Form für den wohlgeordneten Ausgleich und das harmonische Zusammenwirken der in den menschlichen Gruppen und Verbänden wirkenden, besonders sozialen, wirtschaftlichen und politischen Kräfte.

„Sieh, da entbrennen in feurigem Kampf die eifernden Kräfte,
Großes wirket ihr Streit, Größeres wirket ihr Bund."

Die Ermittlung dieser rechtserheblichen Kräfte, die Prüfung ihrer legislativen Berücksichtigung, ihre Auswertung für die Auslegung der lex lata (das verkündete Gesetz) und für die Gestaltung der lex ferenda (das vorzubereitende Gesetz) bildet die wichtige Aufgabe der dynamischen Methode der Rechtswissenschaft.

Beispiele: Bedeutung der politischen Kräfte für das Staats- und Völkerrecht, der wirtschaftlichen Kräfte für das Handelsrecht und das Verwaltungsrecht („Wirtschaftsrecht"), der sozialen Kräfte für Gewerbe-, Arbeits- und Kirchenrecht („Sozialrecht").

Die einseitige Anwendung nur der historischen Methode wäre Geschichte, die der konstruktiven Methode Begriffsjurisprudenz (im schlechten Sinne des Positivismus), die der dynamischen Methode Politik. Keine Methode ist allein seligmachend; nur die Verbindung der drei Methoden stellt die vollkommene rechtswissenschaftliche Arbeitsweise dar.

D. Wertung der Rechtswissenschaft

I. Bei Künstlern und Dichtern

Daß Recht und Rechtswissenschaft sich bei unseren Geistesgrößen, besonders bei Dichtern, keiner sonderlichen Beliebtheit erfreuen, ist verständlich, aber tragbar. Jene lieben die Freiheit und hassen die Bindung; sie fühlen sich durch Rechtsvorschriften und vor allem durch Rechtshandhabung in ihrem Freiheitsdrang beengt, ja gefesselt; sie fordern individuelle Behandlung; sie verpönen den typisierenden Formalismus und leugnen den Selbstzweck der Rechtsnormen. Wer Belege hierfür sucht, lese das anregende Buch von Georg Müller (Reichsgerichtsrat) über Recht und Staat in unserer Dichtung, 1924. Vgl. auch die glückliche Auslese bei Gustav Radbruch, Einführung in die Rechtswissenschaft, 7./8. Aufl., 1929, S. 206 ff. Das Schulbeispiel aber stellt nach wie vor die „teuflische" Kritik der Jurisprudenz in Goethes „Faust I" dar:

„Zur Rechtsgelehrsamkeit kann ich mich nicht bequemen."
„Ich kann es Euch so sehr nicht übel nehmen,
Ich weiß, wie es um diese Lehre steht.
Es erben sich Gesetz und Rechte
Wie eine ewge Krankheit fort;
Sie schleppen von Geschlecht sich zum Geschlechte
und rücken sacht von Ort zu Ort.
Vernunft wird Unsinn, Wohltat Plage:
Weh dir, daß du ein Enkel bist!
Vom Rechte, das mit uns geboren ist,
von dem ist, leider! nie die Frage."

II. In der öffentlichen Meinung

Auch beim großen Publikum, beim „Mann auf der Straße" stehen Rechtsvorschriften, Rechtspraxis, sogar Rechtswissenschaft nicht eben in besonderer Gunst. Auch das ist erklärlich, wenngleich bedauerlich.

1. Die Abneigung gegenüber den Rechtsvorschriften beruht vornehmlich auf der erdrückenden Menge der Ge- und Verbote (Höhepunkt Drittes Reich — oder Gegenwart?), der abstrakten und auch sprachlich oft kaum verständlichen Formulierung, sowie der bisweilen auch inhaltlichen Unerfreulichkeit (Steuerrecht, Wohnungsrecht, Preisbindungen, bizonales „Speisekammergesetz").

2. Die Abneigung gegenüber der Rechtspraxis ist gleichfalls verständlich in den Bereichen der Justiz und der Verwaltung.
   a) Der Justiz. Man denke etwa an den verurteilten Beklagten oder abgewiesenen Kläger, an den (obwohl zu Recht) verurteilten Angeklagten, an Zeugniszwang und Eidespflicht, an rechtswesentliche, aber unbeliebte Erscheinungen wie Gerichtsvollzieher, Steuereintreiber, Gefängnisaufseher, Scharfrichter.

   b) Der Verwaltung. Man denke aus früherer Zeit an Gestellungsbefehl, Feldwebel und Kasernenhof, ferner an Polizeiverfügungen, Polizeizwang, Steuerbescheide usw., heute vornehmlich an die erfassende Tätigkeit der Wohnungsämter oder anderer „Sozialbehörden", überhaupt an die Wirksamkeit der Bürokratie.

3. Die Abneigung gegenüber der Rechtswissenschaft erklärt sich aus der Eigenart der juristischen Geistesarbeit. Diese mag dem Uneingeweihten formalistisch, spitzfindig, verschroben, weltfremd — kurz als „Juristenrecht" statt als „Volksrecht" erscheinen.

   Beispiele zu 2 und 3: Der aus formalen Gründen abgewiesene Kläger oder freigesprochene Angeklagte. Der Klient, dessen Anwalt den Prozeß nicht gewann. Der Geschädigte, dessen Ersatzanspruch nicht in Sachwerten, sondern mit Papiergeld befriedigt wurde. Behörden, welche entweder ablehnen oder „Steine statt Brot" geben. Der Rechtskandidat, dessen Rechtsweisheit von den Prüfern verkannt wurde.

E. Studium der Rechtswissenschaft

I. Inhalt

Den Inhalt des Studiums veranschaulichen am besten die Studienpläne und die Prüfungsordnungen. Er ist für die Studierenden der Rechtswissenschaft und diejenigen der Wirtschaftswissenschaft verschieden, überschneidet sich jedoch weitgehend.

1. Die Anforderungen für die erste juristische Staatsprüfung ergeben sich aus dem Gerichtsverfassungsgesetz und den Ausbildungs- bzw. Prüfungsordnungen. Danach sind die wichtigsten Lehr- und Lernfächer folgende:

   Einführung in die Rechtswissenschaft.

   Rechtsgeschichte: Römische Rechtsgeschichte und System des römischen Rechts (früher Institutionen). Deutsche Rechtsgeschichte. Neuere Verfassungsgeschichte. Neuere Privatrechtsgeschichte (früher: Grundzüge des deutschen Privatrechts).

   Privatrecht: Bürgerliches Recht (Allgemeine Lehren, Schuldrecht, Sachenrecht, Familienrecht, Erbrecht). Urheber- und Erfinderrecht. Handels- und Gesellschaftsrecht. Recht der Wertpapiere, besonders Wechsel- und Scheckrecht. Anwendung fremden Rechts (Internationales Privatrecht).

   Justizrecht: Strafrecht I und II. Gerichtsverfassung. Zivilprozeß, Zwangsvollstreckung, Konkurs. Freiwillige Gerichtsbarkeit. Strafprozeß.

   Öffentliches Recht im engeren Sinne: Allgemeine Staatslehre. Allgemeines, deutsches und ausländisches Staatsrecht. Verwaltungsrecht I und II. Polizeirecht, Gewerberecht, Verkehrsrecht, Sozialversicherung. Arbeitsrecht. Finanz- und Steuerrecht. Kirchenrecht nebst Staat und Kirche. Völkerrecht. Rechtsphilosophie.

2. Die Anforderungen für die wirtschaftswissenschaftlichen Prüfungen — zum Diplom-Kaufmann, Diplom-Handelslehrer, Diplom-Volkswirt — ergeben sich aus den einschlägigen Studienplänen und Prüfungsordnungen. Die zahlreichen wirtschaftswissenschaftlichen Fachgebiete können hier nicht alle aufgezählt werden. Von den oben erwähnten juristischen Vorlesungen kommen jedenfalls folgende in Betracht:

   Einführung in die Rechtswissenschaft. Neuere Verfassungsgeschichte. Bürgerliches Recht I bis III; abgekürzt IV, V. Handels- und Gesellschaftsrecht, Recht der Wertpapiere. Grundfragen des gerichtlichen Verfahrens-, besonders des Konkursrechts. Allgemeine Staatslehre. Staatsrecht. Verwaltungsrecht. Arbeitsrecht. Finanz- und Steuerrecht.

3. Für Rechtsstudierende sind umgekehrt die nachfolgenden Gegenstände aus dem wirtschaftswissenschaftlichen Bereich unentbehrlich:
   Einführung in das Wirtschaftsleben. Allgemeine oder theoretische Volkswirtschaftslehre. Besondere oder praktische Volkswirtschaftslehre (Volkswirtschaftspolitik). Finanzwissenschaft. Betriebswirtschaftslehre.

II. Formen

1. Vorlesungen — Übungen — Seminare
   a) Vorlesungen
   Die sogenannten Vorlesungen (Collegia) sind grundlegend. Sie bestehen nicht mehr — wie früher, als es noch keine Lehrbücher gab — im Vorlesen oder gar Diktieren des wörtlich ausgearbeiteten „Kollegienheftes", sondern im freien Vortrag des Dozenten über die einzelnen Rechtszweige oder über Einzelprobleme zwecks Einführung in den Stoff, Erweckung von Interesse und Verständnis für ihn, Anregung zu eigenem Weiter-, Durch- und Ausarbeiten unter Einschaltung von Besprechungen mit den Hörern. Das Mitschreiben hat nur den Wert der Konzentration auf den Stoff; es ersetzt keineswegs die Benutzung eines guten Lehrbuches, wie ein solches umgekehrt niemals die Vorlesung zu ersetzen vermag.

   b) Übungen (Practica)
   Diese dienen dazu, nach gehörter, verstandener und nachstudierter Vorlesung den Stoff zu wiederholen, zu befestigen, zu erweitern, zu vertiefen und zu praktizieren. Sie bestehen aus mündlicher und schriftlicher Tätigkeit.
   Mündlich: Auslegung von Quellen (z. B. Corpus iuris civilis, codex iuris canonici, Sachsenspiegel, RVerf., Länderverf.), konversatorische Besprechung der Rechtsvorschriften und Rechtseinrichtungen, Lösung von praktischen Rechtsfällen; zugleich Übung in Gesetzeskunde, juristischem Denken, Rechtsanwendung, freier juristischer Rede.
   Schriftlich: Bearbeitung von Rechtsfällen, teils häuslich, teils unter Aufsicht (Klausur), behufs Ausbildung in der praktischen Anwendung des Rechts auf rechtserhebliche Sachverhalte, zugleich im schriftlichen juristischen Ausdruck.

   c) Seminare oder „wissenschaftliche Übungen"
   Diese sind für weit vorgerückte Studierende oder für solche, die ihr Studium bereits abgeschlossen haben und vor der Promotion stehen, bestimmt. Sie stellen Arbeitsgemeinschaften dar, in denen die wissenschaftliche Arbeit hauptsächlich von den Teilnehmern selbst geleistet wird. Diese Arbeit besteht in der Besprechung schwieriger Rechtsfälle, in der Erörterung wissenschaftlicher Probleme, in der Anfertigung wissenschaftlicher Abhandlungen und im Halten wissenschaftlicher Vorträge, alles unter Führung und Anleitung des Dozenten. Seine Vollendung erreicht dieser Lehr- und Lernbetrieb in besonderen Instituten, d. h. Anstalten, die selbständiger Forschung dienen.

2. Studienfolge
   a) Ordnungsmäßigkeit des Rechtsstudiums
   Diese ist nicht bloß von theoretisch-wissenschaftlicher, sondern auch von erheblicher praktischer Bedeutung, da durch sie die Zulassung zur Prü-

fung bedingt ist. Hier gilt es nun, den richtigen Ausgleich zu finden zwischen der Bindung an die Bestimmungen und Ratschläge für einen geordneten Studiengang einerseits und der Betätigung der akademischen Lernfreiheit andererseits. Vor dem ersten Weltkriege herrschte eine so gute Ordnung, daß der preußische Justizminister den Studierenden der Rechte anheimgeben konnte, den Gang ihrer Studien selbst zu bestimmen. In der reformfreudigen Nachkriegszeit gedieh jedoch diese Freiheit fast bis zur Willkür. Solches hat sich schlecht bewährt, ja als verhängnisvoll erwiesen. Daher kehrte man gegen Ende der Republik zum früheren System der festen, allerdings gelockerten und nicht pedantisch verbindlichen Vorschläge zurück. Das Dritte Reich brachte dann wieder eine stark bevormundende Lenkung, die man leider in der Gegenwart immer noch nicht zu überwinden verstanden hat.

b) Reihenfolge der Studienfächer

Hierfür lassen sich gewisse Grundsätze aufstellen. Natürlicherweise kommt zuerst die verbindliche Vorlesung, dann die verbindliche Übung, zuletzt das mehr oder weniger freigestellte Seminar. Man beginne mit den grundlegenden Vorlesungen wie Einführung und Rechtsgeschichte. Es erscheint aber auch unbedenklich, gleich zu Anfang neben einem Fach des geltenden Privatrechtes auch schon ein solches des geltenden öffentlichen Rechts — etwa Staatsrecht oder Strafrecht — zu wählen; sodann ergeben sich innerhalb der beiderseitigen Gruppen des privaten und des öffentlichen Rechts gewisse logisch bedingte Reihenfolgen. So geht jeweils das allgemeine Recht dem besonderen Recht (erst BGB., dann HGB., dann erst dessen Sonderfächer), ferner das materielle Recht dem formellen Recht (erst StBG., dann StPO.) vor. Anderseits ist es durchaus möglich, Strafrecht I und II sowie Verwaltungsrecht I und II gleichzeitig zu hören. Im öffentlichen Recht sollte das Staatsrecht dem Verwaltungsrecht, beides dem Kirchen- und Völkerrecht vorangehen. Den Schluß bilde die Staatslehre und die Staats- und Rechtsphilosophie. Bei alledem ist auf gebührende Mitberücksichtigung und richtige Einfügung der wirtschaftswissenschaftlichen, besonders volkswirtschaftlichen Lehrgegenstände Bedacht zu nehmen. Wichtig ist noch die angemessene Stoffverteilung auf die mindestens sechs, möglichst sieben Studiensemester. Hier erscheint es ratsam, Anfang und Ende der Studienzeit nicht zu stark zu belasten, den Hauptbestand der Vorlesungen in die erste, den der Übungen in die zweite Studienhälfte zu legen, in keinem Semester aber an mehr als zwei Übungen teilzunehmen. Im übrigen und im einzelnen darf auf die „Ratschläge" der Fakultäten verwiesen werden.

7. Kapitel

Abgrenzung

Das Wesen der Rechtswissenschaft gewinnt gleichfalls durch Abgrenzung gegenüber anderen Wissenschaften an Klarheit. Keine Wissenschaft steht isoliert da. Alle Wissenschaften berühren sich, teils so, daß sie gemeinsame Grenzgebiete besitzen, teils so, daß eine der anderen als Hilfswissenschaft dienlich sein kann. Hiernach sind auch für die Rechtswissenschaft Grenz- und Hilfswissenschaften zu unterscheiden.

A. Grenzwissenschaften

Als solche kommen für uns namentlich Philosophie, Geschichte und Wirtschaftswissenschaften in Betracht.

I. Rechtswissenschaft und Philosophie

1. Philosophie

Sie erachtet sich für die Königin der Wissenschaften, jedenfalls für die Zentralwissenschaft unter den Geisteswissenschaften. Philosophie ist nach Paulsen (Einleitung in die Philosophie, 26. Aufl. 1912, S. 2, 33) i. w. S. „der Versuch, ein Ganzes von Vorstellungen und Gedanken über Gestalt und Zusammenhang, über Sinn und Bedeutung aller Dinge zu gewinnen", i. e. S. „der Inbegriff aller wissenschaftlichen Erkenntnis", das einheitliche System der alle Wissenschaften umfassenden universitas scientiarum.

Goethe kennzeichnet im „Tasso" die Eigenart des Philosophen dahin:

„Sein Ohr vernimmt den Einklang der Natur;
Was die Geschichte reicht, das Leben gibt,
Sein Busen nimmt es gleich und willig auf;
Das weit Zerstreute sammelt sein Gemüt,
Und sein Gefühl belebt das Unbelebte."

Rückert charakterisiert ihn ähnlich in seiner „Weisheit des Brahmanen":

„Ein indischer Brahman, geboren auf der Flur,
der nichts gelesen als das Weda der Natur,
Hat viel gesehn, gedacht, noch mehr geahnt, gefühlt,
Und mit Betrachtungen die Leidenschaft gekühlt;
Spricht bald, was klar ihm ward, bald um sich's klar zu machen.
Von ihn angehnden halb, halb nicht angehnden Sachen.
Er hat die Eigenschaft, nur Einzelnes zu sehn,
Doch alles Einzelne als Ganzes zu verstehn.
Woran er immer nur sieht schimmern einen Glanz,
Wird ein Betkügelchen in seinem Rosenkranz."

Mit diesen Zeilen beginnt der frühere Frankfurter Rechtsphilosoph M. E. Mayer sein abgeklärtes Buch über „Rechtsphilosophie" (2. Aufl. 1926). Sie veranlassen ihn, Philosophie kurz als „Weisheit" zu bezeichnen. Ph. ist Welt- und Lebensweisheit. „Ph. ist das Bestreben, die Wirklichkeit als einheitliches Ganzes zu erfassen. Sie unterscheidet sich von den Wissenschaften durch die Aufgabe, nicht durch den Gegenstand."

„Der Philosoph wendet sich der Totalität des Seins zu, was nicht so zu verstehen ist, als ob ihn sehr umfangreiche Gegenstände besonders oder gar ausschließlich interessieren müßten, vielmehr kann die kleinste Einzelheit in den größten Zusammenhang gestellt werden, und wo das geschieht, wird philosophiert."

2. Rechtsphilosophie

Rechtsphilosophie ist Rechtsweisheit. Sie besteht da, wo auf rechtlichem Gebiet philosophiert wird. Sie entsteht dadurch, daß man das Recht als eine sich entwickelnde Kulturerscheinung betrachtet, daß man vom Recht als einem einheitlichen Ganzen eine Vorstellung zu gewinnen versucht. Sie gliedert sich in Prinzipienlehre und Wertlehre. Die juristische Prinzipienlehre erforscht das, was dem Rechte logisch vorausgeht: seine Vorbedingungen, Urkräfte, Fundamente und Elemente. Die Rechtswertlehre soll seinen Wert ergründen, die Idee des Rechts klarstellen. Jene behandelt den Begriff des Rechts im Zusammenhang mit Gesellschaft und Kultur, überhaupt mit den sozialen Gewalten; diese handelt von der Idee und vom Ideal des Rechts, erörtert seine Beziehungen zu Macht und Gewalt, zu Gerechtigkeit und Freiheit, zu Humanität und Kultur (M. E. Mayer).

Recht anschaulich ist auch nachstehender Vergleich, den der Rechtsphilosoph Wilhelm Sauer in seinem tiefgründigen Buche „Juristische Elementarlehre", 1944, anstellt: „Die Rechtsphilosophie ist das gewaltige Hochgebirge mit dem ewigen Schnee, der im Sonnenrot funkelt und dem unkundigen Bergsteiger Gletscherspalten verdeckt; von den höchsten Spitzen eröffnen sich großartige Fernblicke in undurchforschte Gebiete. Dort nimmt das lebende Recht seinen Ursprung: die Bäche, Flüsse und Ströme durcheilen die Länder und suchen ihr Ende im Weltmeer des Völkerrechts, um dort in dem Ganzen weiter zu leben."

3. Rechtswissenschaft und Rechtsphilosophie
Beide unterscheiden sich nicht gegenständlich, sondern artlich. Die RPh. erforscht die Vorbedingungen und Werte des Rechts, während die RWiss. Rechtsidee und Rechtsordnung als gegebene Größen hinnimmt. Die RPh. kennt nicht, wie die RWiss., auch ein praktisches und politisches Ziel, sondern wiegt sich im Aether der reinen, isolierten Erkenntnis. Die rechtsphilosophische ist im Gegensatz zur rechtswissenschaftlichen Forschung nie auf Einzelheiten, sondern ausschließlich auf das Ganze gerichtet. (M. E. Mayer: Rechtsphilosophie, 2. Aufl. 1926). Das Schwergewicht der RWiss. liegt im Wirklichen, Konkreten, Positiven, das der RPh. im Gedachten, Vorgestellten, Abstrakten. Die RWiss. ist an Ort und Zeit gebunden, die RPh. von beiden gelöst. Die RWiss. baut auf dem bestehenden Recht auf; die RPh. übt daran nach einem Idealmaßstab werturteilende Kritik, ohne aber Änderungen vorzuschlagen oder gar zu betreiben — solches gebührt der Rechtspolitik.

II. Rechtswissenschaft und Geschichte

1. Die Rechtswissenschaft hat auch mit der Geschichtswissenschaft einen breiten und wichtigen Grenzstreifen gemeinsam. Sowohl zur allgemeinen Weltgeschichte als auch zur Rechtswissenschaft — beiderseits als wesentlicher Bestandteil — gehört die Rechtsgeschichte, deren Gegenstände und Methoden gleichzeitig historisch und juristisch sind. Doch bildet ihre Erforschung für den Geschichtswissenschaftler einen Selbstzweck, für den Rechtswissenschaftler dagegen nur das Mittel zwecks restloser Erkenntnis des gegenwärtig geltenden Rechtes.
2. Die Bedeutung der Rechtsgeschichte ist nach den einzelnen Rechtszweigen verschieden.
   a) Im Privatrecht, namentlich im bürgerlichen Recht sind die Zusammenhänge zwischen einst und jetzt am engsten und am tiefsten. Das heutige bürgerliche Recht Deutschlands ist hervorgegangen aus der Vereinigung zweier ganz verschiedener Rechtssysteme, nämlich aus der Verbindung des germanisch-fränkischen Rechtes mit dem im späten Mittelalter auf dem Wege der sogenannten Rezeption eingedrungenen byzantinisch-römischen Recht zum sogenannten „Gemeinen Recht". In der grund-

legenden Kodifikation des bürgerlichen Rechts, dem BGB., sind trotz dieser Verschmelzung germanische und romanische Wurzel erkennbar. Die grundlegende Bedeutung der beiden Wurzelrechte für das wissenschaftliche Verständnis des heutigen bürgerlichen Rechts liegt auf der Hand.

b) Auch beim Straf- und Prozeßrecht ist die volle rechtswissenschaftliche Erkenntnis durch historische Fundierung bedingt, deren praktische Bedeutung jedoch ziemlich unerheblich ist.

c) Noch weniger ist im Oeffentlichen Recht ein weiteres geschichtliches Zurückgehen erforderlich. Rein wissenschaftliche Zusammenhänge mit dem früheren (römischen, altdeutschen, mittelalterlichen) Recht sind anzuerkennen, praktische aber zu verneinen. Bedeutsam für das Staats- und besonders Verwaltungsrecht ist erst die Entwicklung der beginnenden Neuzeit, besonders in den deutschen Territorien, so vor allem in Brandenburg-Preußen. Dagegen gründet sich das Kirchenrecht und sein Verständnis wiederum auf einen bald zweitausendjährigen historischen Werdegang (Kirchliche Rechtsgeschichte, Kanonistik).

d) Keine geschichtliche Vergangenheit haben neueste Sonderzweige des öffentlichen Rechts wie Arbeitsrecht, Wirtschaftsrecht und Steuerrecht, kaum eine solche besitzt endlich das Völkerrecht.

III. Rechtswissenschaft und Wirtschaftswissenschaften

1. Die allgemeinen Beziehungen zwischen Recht und Wirtschaft, zwischen Rechts- und Wirtschaftswissenschaft sind in neuerer Zeit immer enger geworden.

a) Schon vor dem Kriege, vollends während des Krieges und nach seiner Beendigung, regten sich unter der Parole „Recht und Wirtschaft“ allenthalben einfluß- und erfolgreiche Bestrebungen, die Rechtsordnung den wirtschaftlichen Forderungen anzupassen, bei der Rechtsanwendung in Verwaltung und Justiz auf die wirtschaftlichen Bedürfnisse besondere Rücksicht zu nehmen, die Ausbildung des juristischen Nachwuchses nicht einseitig rechtswissenschaftlich, sondern zugleich wirtschaftswissenschaftlich zu gestalten, im praktischen Leben die wirtschaftlich interessierten und orientierten Juristen („Wirtschaftsjuristen“) zu bevorzugen, zugleich umgekehrt das Wirtschaftsleben durch das Rechtsleben zu befruchten.

b) Mit der praktischen verband sich die wissenschaftliche Annäherung und Verbindung. Es vereinigten sich beide Zweige der Wissenschaft unterrichtsmäßig in den rechts- und wirtschaftswissenschaftlichen Fakultäten der deutschen Universitäten oder in enger Arbeitsgemeinschaft zwischen der rechts- und der besonderen wirtschafts- (und sozial-)wissenschaftlichen Fakultät (Frankfurt, Köln), besonders im rechts- und im wirtschaftswissenschaftlichen Prüfungswesen. Es entstand zugleich ein besonderes „Wirtschaftsrecht“, zwar nicht als abgesonderter Lehrzweig des Rechts — obwohl es gewiß möglich wäre, die die spezifischen Fragen des Wirtschaftslebens betreffenden, überall zerstreuten privat- und öffentlich-rechtlichen Vorschriften zu einem System des Wirtschaftsrechts zusammenzufassen —, sondern nur als besondere, ein Abart der rechtsdynamischen Arbeitsweise darstellende Forschungsmethode.

2. Die besonderen Beziehungen der Rechtswissenschaft zu den einzelnen Wirtschaftswissenschaften.

   a) Zur Volkswirtschaftslehre (Nationalökonomie). Als Grenzgebiete sind hervorzuheben das Verwaltungsrecht, besonderer Teil: Die einzelnen Verwaltungszweige (während der Allgem. Teil des Verw.-Rechts eine ausgesprochen juristische Materie bildet), das Finanz- und Steuerrecht gegenüber der Finanzwissenschaft. Hier ergänzen sich Rechtswissenschaft als Normenlehre und Nationalökonomie bzw. Finanzwissenschaft als Kräftelehre zur restlosen und richtigen Gesamterkenntnis des Stoffes. Solches gilt für die Forschung, für die Lehre, für das Studium, für die Prüfungen und für die spätere Praxis.

   b) Zur Betriebswirtschaftslehre (Privatwirtschaftslehre). Hier sind als Grenzgebiete vor allem Handelsrecht, Bank- und Börsenrecht und Arbeitsrecht zu nennen. Wie der Wirtschaftswissenschaftler die rechtlichen Formen kennen muß, so muß der Jurist über ein Mindestmaß privatwirtschaftswissenschaftlicher Kenntnisse verfügen, um die Normen richtig auslegen und anwenden zu können.

   c) Zur Statistik. Diese Sonderwissenschaft greift in alle Gebiete, besonders des öffentlichen Rechts hinein. So gibt es eine Verwaltungs-, Finanz-, Lohn-, Gewerbe-, Handels-, Justiz-, Wahl-, Kriminal-, Prozeß- usw. Statistik. Der Statistiker muß das einschlägige Recht beherrschen, der Jurist sich der statistischen Ergebnisse als vielfach unentbehrlicher, jedenfalls förderlicher Grundlage für Rechtsforschung und Rechtsanwendung bedienen.

B. Hilfswissenschaften

Jurisprudentia est divinarum atque humanarum rerum notitia. (Die Rechtswissenschaft ist die Kenntnis der göttlichen und menschlichen Angelegenheiten.) Demgemäß müßte der Rechtspraktiker die Gesamtheit der menschlichen Lebensverhältnisse kennen, der Rechtstheoretiker alle übrigen Wissenschaften beherrschen. Doch unser Wissen ist Stückwerk; vollkommenes Wissen ist ein Ideal, dessen teilweise Erreichung gleichwohl erstrebenswert bleibt. Dem Juristen tut ein Mindestmaß von Kenntnissen auf folgenden, nach Fakultäten geordneten Wissensgebieten not.

I. Theologie

Fragen des Glaubens beschäftigen den Juristen nur ganz ausnahmsweise.
Beispiel: Eine umstrittene theologische Frage als Gegenstand einer Auslobung und eines darüber entstandenen Rechtsstreits.

II. Medizin

1. Die Lehre vom gesunden Menschen ist rechtserheblich.
   Beispiel: Tatbestand der Tötung, Körperverletzung, Abtreibung, Notzucht. BGB. §§ 1, 1300, 1591 ff., 1923.

2. Die Lehre vom kranken Menschen ist noch wichtiger für das rechtliche Verständnis.

   a) der körperlich kranke Mensch: Krankheiten als Folgen von strafbaren Handlungen (Strafbarkeit, Strafmaß), von Unfällen (Entschädigung,

Unfallversicherung); Feststellung des Zeitpunktes des Todes (Rechtsfähigkeit, Erbfolge).

b) Der seelisch kranke Mensch: Bedeutung der Psychiatrie für den Zivil-, Vormundschafts-, Strafrichter, welcher Fälle von Geisteskrankheit oder -schwäche zu beurteilen hat.
Problem der Rentenneurose.

III. Geisteswissenschaften i. e. S.

1. Philosophie ist nicht bloß Grenz-, sondern auch Hilfswissenschaft für das gründliche, ausgereifte Erkennen der tieferen juristischen Probleme; ganz unentbehrlich sind Logik und Erkenntnislehre.

2. Geschichte — namentlich politische, Wirtschafts-, Religions- und Kirchengeschichte — erschließt das Verständnis des gewordenen und des geltenden Rechts und dient mit ihren Erfahrungstatsachen der Fortbildung des Rechts.

3. Literatur-, Kunst- und Musik-Geschichte spielen bei der rechtlichen, besonders urheber-, polizei- und strafrechtlichen Wertung der einschlägigen Werke eine grundlegende Rolle.

4. Sprachwissenschaften sind für das sprachliche, aber auch inhaltliche Verständnis der Rechtsquellen unentbehrlich.

   a) antike Sprachen: lateinisch (Corpus iuris civilis und Corpus iuris canonici), griechisch, assyrisch-babylonisch;

   b) lebende fremde Sprachen, besonders französisch, englisch und italienisch für rechtsvergleichende und völkerrechtliche Forschungen;

   c) die deutsche Sprache für richtiges und verständliches Deutsch in Ausdruck, Satzbau und Stil bei der Rechtssetzung, der Abfassung von behördlichen und rechtsgeschäftlichen Urkunden, bei der Anfertigung wissenschaftlicher (vor allem Prüfungs-) Arbeiten, beim Halten von Vorträgen und Ansprachen. Brandmarkung von Sprachdummheiten: Platter Landbewohner, vierstöckiger Hausbesitzer, ungeborene Lämmerfelle, reitende Artilleriekaserne. Warnung vor Modewörtern wie: „unter Beweis stellen", „durchführen", „Einsatz"; auch heute wird noch manches „unter Beweis gestellt" und fast alles „durchgeführt".

IV. Wirtschafts- und Sozialwissenschaften

1. Die Wirtschaftswissenschaften — Volkswirtschaftslehre einschließlich Finanzwissenschaft, Betriebswirtschaftslehre, Statistik — vermitteln die Erkenntnis der in den Formen des Rechts (z. B. Verwaltungs-, Steuer-, Handelsrechts) wirksamen wirtschaftlichen Kräfte, deren Kenntnis das volle Verstehen der einschlägigen Rechtserscheinungen bedingt.

2. Die Sozialwissenschaften sind für das Verständnis wichtiger Rechtsgebiete, wie allgemeine Rechtslehre, Allgemeine Staatslehre, Wohlfahrtspflege, Sozialrecht und Arbeitsrecht grundlegend.

V. Naturwissenschaften

1. Mathematik beruht auf der gleichen formallogischen Denktechnik wie Rechtswissenschaft; wer mathematisch geschult ist, wird sich auch als Jurist

schnell zurechtfinden, Wesentliches vom Unwesentlichen zu sondern wissen, objektiv und selbständig zu urteilen verstehen.

2. Physik und Chemie — deren Naturgesetze sich in manchen Rechtsfragen juristisch auswirken.

   Beispiele: Physikalische und chemische Formeln in Verordnungen. Fernsprecher und Rundfunk. Vergiftungsprozesse. Nahrungsmittelpolizei. Gas- und Giftverbote im Kriegsrecht.

3. Geologie und Geographie — deren Elemente auf die Rechtsgestaltung und das Staatsleben von Einfluß sind.

4. Experimentelle Psychologie — durch welche das Verständnis für manche familien-, straf-, staats-, und völkerrechtlichen Vorgänge erschlossen wird.

VI. Technische Wissenschaften

der Technischen Hochschulen, z. B. Baukunst, Hoch- und Tiefbau, Physik und Chemie, Maschinenkunde usw. vermitteln das volle Verständnis für die damit zusammenhängenden Rechtsfragen und Rechtseinrichtungen.

Beispiele: Beurteilung von Lieferungsverträgen, Bautensachen, Gewerbebetrieben, Betriebsunfällen; Einrichtung einschlägiger staatlicher und anderer öffentlicher Betriebe; entsprechender polizeilicher Schutz des Publikums; StrafGB. § 330.

8. Kapitel

Gliederung

Auch die Rechtswissenschaft gliedert sich gleich den übrigen Wissenschaften in einzelne Gebiete, Zweige, Fächer, Disziplinen. Für diese Gliederung ist die Einteilung in öffentliches und privates Recht nach wie vor von grundlegender Bedeutung.

A. Öffentliches Recht und Privatrecht

I. Geschichtliche Entwicklung

Den viel erörterten, heute noch weithin umstrittenen, von manchen sogar ganz geleugneten Unterschied zwischen öffentlichem und privatem Recht kannten schon die Römer. Vgl. Corpus iuris civilis I: Institutiones, I, 1, 4:

„Huius studii duae sunt positiones, publicum et privatum, Publicum ius est, quod ad statum rei Romanae spectat, privatum, quod ad singulorum utilitatem pertinet.“ (Dieses Studium umfaßt zweierlei: das öffentliche Recht und das private Recht. Das öffentliche Recht bezieht sich auf den römischen Staat, das private Recht bezieht sich auf den Nutzen der einzelnen.)

Dagegen war der Unterschied dem deutschen Mittelalter, das alle Rechtseinrichtungen, auch Dinge wie Landesherrschaft, Landesgebiet, Untertanenpflichten privatrechtlich, richtiger: rechtlich schlechthin auffaßte, unbekannt. Die neuere Rechtsentwicklung hat den Unterschied wieder stark betont und zum obersten Einteilungsprinzip erhoben. Neuestens beginnen die Grenzen allerdings wieder flüssig zu werden, ja vielfach zu verschwimmen; so namentlich nach der geradezu amtlichen These des Nationalsozialismus. Diese Auffassung muß seit dem Zusammenbruch des Nazismus als überwunden angesehen werden. Die Unterscheidung ist keineswegs gegenstandslos, vielmehr heute wieder fundamental wichtig, wenngleich die Ermittlung der maßgeblichen Unterscheidungsmerkmale erhebliche Schwierigkeiten bereitet.

Vgl. hierzu auch die treffenden Aussprüche des großen Germanisten Otto von Gierke:

> Der Gegensatz ist als solcher unvermeidbar, aber er darf sich nicht in kämpferischer Entgegensetzung, er muß sich in harmonischer Ergänzung auswirken.
> In unserem öffentlichen Recht muß ein Hauch des naturrechtlichen Freiheitstraumes wehen und unser Privatrecht muß ein Tropfen sozialistischen Öles durchsickern.

II. Wesentliche Unterscheidungsmerkmale

1. Sozialinteresse — Individualinteresse

Schon die Römer unterschieden, wie oben vermerkt, öffentliches und privates Recht nach Zweck und Ziel. Heute noch bildet das Interesse das wichtigste Kennzeichen des Unterschiedes. Jede Rechtsnorm, mag sie unmittelbar oder mittelbar staatlich oder außerstaatlich, geschrieben oder ungeschrieben, positiv oder natürlich sein, ist dazu bestimmt, menschliche Belange zu wahren, menschliche Güter zu Rechtsgütern zu erheben. Nun gibt es zunächst Normen, die dem Schutze individueller Rechtsgüter der Einzelnen dienen, anderseits solche, die zur Pflege sozialer Rechtsgüter der menschlichen Verbände — zuhöchst des Staates, der Kirche, der Staatenverbände — bestimmt sind. Vorschriften z. B. über rechtliche Fähigkeiten, rechtliche Handlungen und Geschäfte, besonders Verträge, bürgerliche und kaufmännische Gesellschaften, dingliche und obligatorische Rechte, Familie und Erbgang sind vornehmlich dem Interesse der Einzelpersonen zu dienen bestimmt. Vorschriften dagegen über Rechte und Pflichten des Bürgers in Gemeinde und Staat, über zivil- und strafgerichtlichen Schutz, über Einrichtung und Wirksamkeit öffentlicher Dienststellen in Verwaltung und Justiz, über Gesetzgebung und Regierung bestehen um des Gemeininteresses sämtlicher Verbandsgenossen, um des Eigeninteresses des Verbandes selber willen, zum Besten von Volk und Staat. Mittelbar freilich befriedigen die Normen der ersteren Gruppe auch das Sozialinteresse (z. B. Vormundschaftswesen), die der letzteren Gruppe auch das Individualinteresse (z. B. öffentliche Fürsorge und soziale Versicherung). Unmittelbar aber dienen jene Normen dem Einzelinteresse, diese dem Gesamtinteresse; jene bilden das Privatrecht, diese das öffentliche Recht.

2. Hoheitliche — Nichthoheitliche Tätigkeit

Wenn der Staat unmittelbar durch seine Organe oder mittelbar durch die öffentlichen Körperschaften als „Staat", d. h. als Inhaber der seinen Mitgliedern übergeordneten Verbandsgewalt auftritt, ist seine (hoheitliche) Tätigkeit eine öffentlich-rechtliche Erscheinung. Dagegen bildet nicht nur das rechtserhebliche Verhalten einer jeden natürlichen und juristischen Person, sondern auch das rechtserhebliche Verhalten des nicht „hoheitlich", sondern wie eine juristische Privatperson „fiskalisch" auftretenden Staates oder sonstigen öffentlichen Verbandes einen nichthoheitlichen Vorgang, welcher der privaten Rechtsordnung zugehört. Im ersteren Falle ist das staatliche Verhalten, insbesondere das bestehende Rechtsverhältnis als öffentlich-rechtlich nach öffentlichem Recht, letzterenfalls auch das staatliche Verhalten bzw. Rechtsverhältnis als privatrechtlich nach Privatrecht zu beurteilen. Eine Privatperson kann grundsätzlich nicht hoheitlich handeln, sie müßte denn, was ausnahmsweise möglich ist, vom Staat zu öffentlichen Aufgaben berufen und dazu mit öffentlichen Befugnissen ausgestattet sein. Der Staat kann sowohl hoheitlich als auch nichthoheitlich auftreten. Hoheitlich verhält er sich namentlich bei Regierung und Rechtssetzung, bei Rechtspflege und Verwaltung. Dabei ist noch der wichtige Unterschied zu beachten, daß solches hoheitliche Verhalten als „obrigkeitlich" mit der Möglichkeit von Befehl und Zwang ausgestattet sein (z. B. Polizeibehörde, Finanzamt, Wohnungsamt) oder aber als nicht obrigkeitlich der öffentlichen Pflege (z. B. Wirtschaft und Verkehr, Fürsorge und Sozialversicherung) dienen kann; auch im letzteren Falle handelt es sich wegen des Sozialinteresses um hoheitliche Wirksamkeit. Nichthoheitliche Betätigung des Staates liegt nur dann vor, wenn diese individuell-fiskalischen Interessen dient; Beispiele: Beteiligung des Staats und der Gemeinden am Erwerbs- und Wirtschaftsleben. Grenzfälle sind solche erwerbswirtschaftlichen Betriebe des Staates und der Gemeinden, welche teils Erwerbszwecken, teils gemeinnützigen Zwecken dienen; Beispiele: kommunale Versorgungsbetriebe, staatliche Theater, Wälder, Bergwerke, die frühere preußische Porzellanmanufaktur. In derartigen Fällen bestimmt das vorwiegende Interesse die Unterordnung der Tätigkeit als hoheitlich unter das öffentliche Recht oder als fiskalisch unter das Privatrecht.

III. Unwesentliche Unterscheidungsmerkmale

1. Ueber- und Unterordnung — oder Gleichordnung

a) Die Regel ist, daß Rechtsverhältnisse des öffentlichen Rechts auf Ueber- und Unterordnung der Beteiligten, solche des Privatrechts auf Gleichordnung der Beteiligten beruhen.

Beispiele für ersteres: Regierung und Gesetzgebung, Justiz und Verwaltung. Finanzamt und Steuerpflichtiger. Polizeibehörde und Polizeipflichtiger. Gefängnisaufseher und Sträfling. Lehrer und Schüler.
Beispiele für letzteres: Käufer und Verkäufer. Mieter und Vermieter. Kaufmann und Kunde. Gesellschafter untereinander.

b) Ausnahmen bestehen aber dahin, daß gelegenlich im öffentlichen Recht Gleichordnung, im Privatrecht Ueber- und Unterordnung vorkommt.
Beispiele für ersteres: Die Staaten im Völkerrecht, die deutschen Länder untereinander, Abschluß von Staatsverträgen und Konkordaten. Kommunale Zweckverbände, Tarifverträge.

Beispiele für letzteres: Eigentümer und Sklave. Unternehmer und Arbeitnehmer. Verein und Mitglied. Eltern und Kinder, Vormund und Mündel, früher auch Mann und Frau, Korporation und Student.

2. Zwingendes Recht — nachgiebiges Recht

a) Die Regel ist, daß öffentliches Recht zwingend (unabdingbar), Privatrecht nachgiebig (änderbar) ist. Ius publicum pactis privatorum mutari nequit. (Öffentliches Recht kann nicht durch Vereinbarung Privater geändert werden.)

Beispiele für ersteres: Straf-, Polizei-, Steuerrecht. Gewerberecht. Verkehrstarife.

Beispiele für letzteres: Fast alle Rechtsverhältnisse des Schuldrechts, des Handelsrechts, des Gesellschaftsrechts.

b) Ausnahmen bestehen aber in großem Umfang.

Nachgiebigkeit im öffentlichen Recht: Vertragsfreiheit zwischen Gemeinden, zwischen Gemeinde- und Staat, zwischen den Ländern, zwischen den Staaten im Völkerrecht.

Zwingendes Recht im Privatrecht: Formvorschriften. Nichtigkeit und Anfechtbarkeit. Scheidungsgründe. Pflichtteilsrecht, Testamentsformen. Firma, Prokura. Gründung von Handelsgesellschaften. Schutzvorschriften für Arbeitnehmer.

IV. Zusammenhänge und Verbindungen

1. Verschmelzung

Eine Vereinigung beider Rechtsgruppen — genauer: keine Unterscheidung zwischen beiden — bestand im deutschen Mittelalter. Alle rechtserheblichen Vorgänge wurden rechtlich schlechthin bzw. privatrechtlich beurteilt. So erschien die Gebietshoheit als Obereigentum am Grund und Boden, konnte der Landesherr das Gebiet vererben und verpfänden, sogar Hoheitsrechte veräußern, anderseits Geldabgaben („Bede-Vertrag") und militärische Dienste (Lehensvertrag) nur auf vertraglicher Grundlage fordern. Erst nach der Rezeption des römischen Rechts kam die Unterscheidung zwischen privatem und öffentlichem Recht auf. Die neuere Zeit verwischt die Grenzen wieder, so besonders im Arbeitsrecht, Wirtschaftsrecht, Bauernrecht, überhaupt im Ständerecht.

2. Trennung, aber Beeinflussung

Heute besteht Trennung, aber Beeinflussung zwischen beiden Rechtsarten.

a) Wir finden privatrechtliche Gesichtspunkte im öffentlichen Recht, teils zufolge Nachwirkens bzw. Wiederauflebens der mittelalterlichen Auffassung (zu 1) besonders in der Verwaltung, teils zufolge Einführung der zivilistischen Konstruktionsweise im Staatsrecht (Vertragscharakter der Naturalisation und der Beamtenernennung; Kaiser als Direktor der A.G. „Kaiser und Reich"; Gebiets-„abtretung"; Staats-„servituten"), teils endlich zufolge zeitweiliger, heute freilich nur vereinzelter Verweisung öffentlicher Streitsachen an die Zivilgerichte. Früher „Erweiterung des Rechtswegs", d. h. des Verfahrens vor den ordentlichen Gerichten, so in Preußen 1861; heute Zuständigkeit der ordentlichen Gerichte nur z. B. für die Höhe der Entschädigung bei Enteignung, für vermögensrechtliche Ansprüche der Beamten, für Kirchenbaulastsachen usw. Doch verdient betont zu werden, daß die neuere höchstgerichtliche Rechtsprechung (auch des bisherigen Reichsgerichts) öffentlich-rechtliche Fragen durchaus publizistisch zu werten versteht.

b) Wir finden neuerdings auch öffentlich-rechtliche Gesichtspunkte im Privatrecht, besonders seit dem ersten Weltkriege.

Beispiele: Im BGB. Vereinsrecht, Beamtenhaftung (§ 839), Vormundschaftsrecht, Nachlaßkontrolle; im HGB. Handelsregister, Eintragungszwang,

Gesellschaftsgründung. Publizistische Durchdringung des Wohn- und Mietrechts, des Rechts der kaufmännischen, gewerblichen und industriellen Unternehmungen. Kriegswirtschaftsrecht und Nachkriegswirtschaftsrecht, Erhebung privatrechtlicher Grundsätze zu solchen des öffentlichen Rechts, so RVerf. 1919, Art. 152 II.

3. Jenseits der Unterscheidung
Neuerdings sind auf vormals entweder öffentlich-rechtlichem oder privatrechtlichem Boden Rechtszweige erwachsen, die in der Mitte zwischen dem öffentlichen und privaten Recht — richtiger: abseits dieses Unterschiedes — stehen. Sie entstanden entweder dadurch, daß auf privatrechtlichem Gebiete das Gemeininteresse überwiegend wurde, oder dadurch, daß öffentlich-rechtliche Gebiete rechtskonstruktiv nach privatrechtlicher Methode gestaltet wurden. Dahin gehört in gewissem Sinne das Steuerrecht und vor allem das Arbeitsrecht. Dahin gehören die neuesten in sich geschlossenen Rechtsgebiete gewisser Berufsstände, namentlich Bauernrecht, Arbeitsrecht, Wirtschaftsrecht. Vollends steht jenseits der überkommenen Unterscheidung nach wie vor das Kirchenrecht.

B. Die einzelnen Disziplinen der Rechtswissenschaft

I. Die Gebiete des öffentlichen Rechts

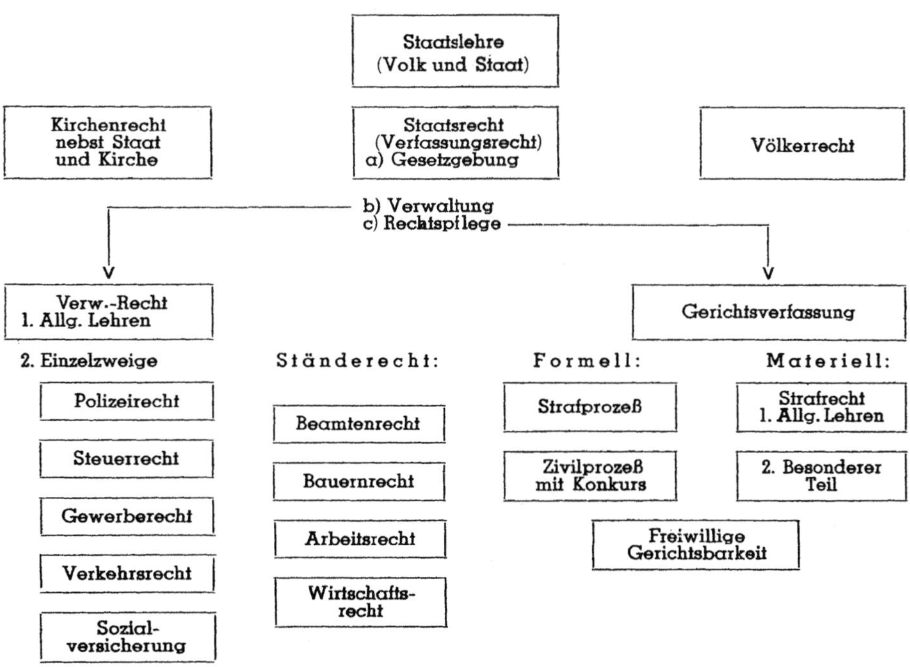

II. Gebiete des privaten Rechts

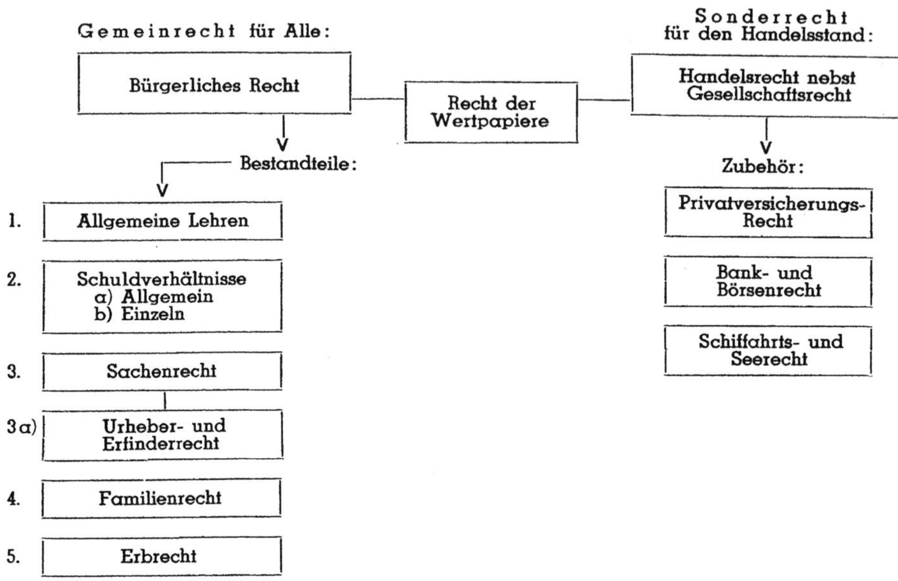

Der vorstehende Plan weist alle wichtigeren Rechtsgebiete auf. Nicht berücksichtigt werden konnte die Rechtsgeschichte, die Rechtsvergleichung, die Fremdrechtsanwendung und die Rechtsphilosophie. Wegen Rechtsgeschichte und Rechtsphilosophie vgl. die Ausführungen im vorangehenden Kap. 7 zu A, I und II; wegen Rechtsgeschichte vgl. ferner die Ausführungen unten in Kap. 12 zu A.

Dritter Teil

Rechtszweige

Bei der Kennzeichnung der verschiedenen Rechtsdisziplinen nach Begriff, Inhalt und Methode wird die Gliederung in öffentliches und privates Recht zu Grunde gelegt. Das öffentliche Recht im weiteren Sinne umfaßt auch das Ständerecht (unten § 11), das Justizrecht (unten § 10); das öffentliche Recht im engeren Sinne (§ 9) beschränkt sich auf Staatsrecht, Verwaltungsrecht, Kirchenrecht und Völkerrecht.

9. Kapitel

Oeffentliches Recht

A. Staatsrecht (Verfassungsrecht)

I. Begriff und Quellen

1. Staatliches Recht und Staatsrecht
   Der Staat ist nicht bloß subjektiv eine Stoffquelle des Rechts (Staatliches Recht), sondern auch objektiv Gegenstand rechtlicher Regelung (Staatsrecht). Staatsrecht ist dasjenige staatliche Recht, welches die Elemente (Gebiet, Volk, Gewalt), die oberste Organisation, die obersten Funktionen sowie das Verhältnis des Staats zu seinen Mitgliedern regelt.
2. Verfassungsrecht
   Dem Staatsrecht gleichbedeutend ist das Verfassungsrecht im materiellen Sinne, d. h. die Staatsgrundordnung. Verfassungsrecht im formellen Sinne ist das Verfassungsgesetz = Verfassungsurkunde = Staatsgrundgesetz. Jeder Staat hat eine Staatsgrundordnung, aber nicht notwendig ein Staatsgrundgesetz. Staaten ohne Verfassungsurkunde: Großbritannien, „Drittes Reich". Der moderne Staat hat in der Regel ein Staatsgrundgesetz, welches die wichtigsten Gegenstände der Staatsgrundordnung regelt.
   Beispiele: Bismarck'sche Reichsverfassung 1871, Weimarer Reichsverfassung 1919, Verfassungen der Gliedstaaten des Kaiserreichs, der Länder der Reichsrepublik, der neuen deutschen Länder seit 1946; französische Verfassung der Vierten Republik 1946.

II. Inhalt

a) Verfassungsgeschichte
   1. Verfassungsentwicklung im 17. und 18. Jahrhundert: Westfälischer Frieden 1648; Abstieg und Ausklang des Heiligen Römischen Reiches Deutscher Nation; Aufstieg und Ausbau der Territorialstaaten wie Brandenburg-Preußen, Bayern, Österreich.
   2. Verfassungsentwicklung im 19. Jahrhundert: Staatsrechtliche Gestaltung der Einzelstaaten, z. B. Preußen, Bayern, Hamburg usw.; Übergang von

der absoluten zur konstitutionellen Regierungsweise, Einrichtung der konstitutionellen Monarchie. Auswirkung der Bundesstaatsgründung auf die Gliedstaaten.

Zusammenschluß der deutschen Einzelstaaten erst zum völkerrechtlichen Staatenbund, dann zum staatsrechtlichen Bundesstaat. Deutscher Zollverein 1834; Reichsgründungsversuch in der Frankfurter Paulskirche 1848/49; Errichtung des Norddeutschen Bundes 1867, des Deutschen Reiches 1871; Einrichtungen und Wandlungen des Kaiserreichs.

b) Allgemeines Staatsrecht

Im Gegensatz zur Allgemeinen Staatslehre, welche die allseitige wissenschaftliche Erfassung des Staates zum Gegenstand hat, beschränkt sich das Allgemeine Staatsrecht auf die juristische Erfassung des Staates; es stellt dafür allgemeine Lehren auf, welche für alle konkreten Staatsbildungen von grundlegender Bedeutung sind. Zu diesen allgemeinen Lehren gehört namentlich:

1. Begriff und Wesen des Staates; Übersicht über die verschiedenen juristischen Erklärungsversuche der staatlichen Verbandseinheit. Die relativ beste Theorie erklärt den Staat als (größte) Körperschaft des öffentlichen Rechts.
2. Staatselemente: Die Grundlagen eines jeden Staates sind das Staatsgebiet (räumlicher Bereich), das Staatsvolk (Staatsangehörigkeit) und die Staatsgewalt (eigenständige, nicht notwendig souveräne Gewalt).
3. Staatsorgane: Organbegriff und Organtheorie; oberste und nachgeordnete Organe; parlamentarisches Wahlrecht.
4. Staatsfunktionen: Lehre von der Gewaltenteilung (Unterscheidung, Verteilung, Beeinflussung, Hemmung); der Exekutive (Regierung und Vollziehung), der Justiz (Rechtspflege).
5. Staatsangehörigkeit: Rechtsverhältnis zwischen Staatsverband und Staatsbürger; Entstehungs- und Endigungsgründe; wechselseitige Pflichten und Rechte, Grundrechte.
6. Verfassungsformen sind äußerlich Monarchie und Republik, innerlich Obrigkeitsstaat und Volksstaat; demgemäß unterscheidet man echte und unechte Monarchie, echte und unechte Republik.
7. Staatsgefüge: Einheitsstaat und zusammengesetzte Staaten; Staatenbund und Bundesstaat; föderativer und unitarischer Bundesstaat. Beispiele: Deutschland, Schweiz, USA.

c) Besonderes Staatsrecht

Dieses betrachtet an Hand der allgemeinen Lehren die besonderen Rechtsverhältnisse der konkreten Staatsbildungen, wie sie sich zeitlich und örtlich verschieden gestaltet haben.

1. Deutsches Staatsrecht

   Staatsrecht des Bismarck'schen Kaiserreiches und seiner Gliedstaaten. Aufbau, Organisation, Funktionen, Staatsangehörigkeit; Verhältnis zwischen Gesamtstaat und Gliedstaaten.

   Staatsrecht der Reichsrepublick und ihrer Länder. Bundesstaatliche Struktur und innerstaatliche Einrichtungen. Gegensatz zwischen dem geschriebenen Verfassungrecht und den späteren Verfassungswandlungen.

Staatsrecht des völkischen Führerstaates im sog. Dritten Reich. Beseitigung des Rechtsstaates und Aufrichtung des Machtstaates. Umbau der staatsrechtlichen Organisation nach dem Führerprinzip; Verhältnis zwischen Partei und Staat. Zusammenbruch des nationalsozialistischen Systems und des bisherigen Reichsverbandes 1945.

Neubildung der Staatlichkeit in den deutschen Ländern. Staatsvolk, Staatseinrichtungen, Staatstätigkeit. Verhältnis zwischen Landesregierung und Militärregierung. Staats- und völkerrechtliche Stellung des Kontrollrates. Zweifel am Fortbestand der Staatlichkeit der Reiches.

2. Ausländisches Staatsrecht

Von besonderer Bedeutung ist heute für uns das Staatsrecht auswärtiger Mächte. In Betracht kommt vor allem die Gestaltung der Schweizerischen Eidgenossenschaft, der französischen Republik, des Königreichs Großbritannien bzw. des britischen Weltreiches, der Vereinigten Staaten von Nordamerika sowie der UdSSR. Aus der staatsrechtlichen Betrachtung dieser und anderer Fremdstaaten in Verbindung mit den deutschen Verhältnissen ergibt sich die wiederum für das Allgemeine Staatsrecht äußerst fruchtbare Lehre der verfassungsmäßigen Rechtsvergleichung.

III. Methode

Der Eigenart der staatsrechtlichen Forschung und Lehre entspricht die kombinierte historisch-dogmatisch-dynamische Methode.

1. Historisch:

Wertvoll ist die wissenschaftliche Erforschung der griechischen, besonders der römischen, vollends der deutschen Verfassungsgeschichte, unentbehrlich für das Verständnis des geltenden Rechts die Ermittlung und Auswertung der Zusammenhänge namentlich zwischen dem Staatsrecht des Kaiserreichs und seiner monarchischen Gliedstaaten mit dem der Reichsrepublik und ihrer Länder. Viele Wurzeln sind geblieben, manche neuartig scheinende Einrichtungen sind bloß aufgepfropft, grundlegende Probleme haben sich nur äußerlich verändert.

2. Dogmatisch:

An Stelle der beschreibenden (deskriptiven) ist längst die konstruktive (dogmatische) Methode getreten. Allerdings bringt die juristische Durchdringung des Staatsrechts die Gefahr der Übertragung unangebrachter zivilistischer Denkweisen in das Gebiet des öffentlichen Rechts mit sich. Daher muß die zivilistisch-juristische Betrachtungsweise beim Staatsrecht zur publizistisch-juristischen Methode fortentwickelt werden.

3. Dynamisch:

Mit Recht berücksichtigt die neuere, schon vor dem ersten Weltkriege aufgekommene und vollends nachher aufgeblühte dynamische Forschungs- und Lehrweise die in den Formen des Staatsrechts sich auswirkenden politischen Kräfte. Allerdings darf die dynamische Methode nicht als die allein seligmachende angesehen und einseitig angewendet werden; solches hieße das Staatsrecht durch die Politik ersetzen. Aber zusätzlich zu den anderen Methoden gewährleistet sie die vollständige Erfassung und richtige Deutung des Rechtsgehalts sowohl der geschriebenen Verfassungsvorschriften als auch der ungeschriebenen Normen des Staatsrechts wie der belangvollen „Verfassungswandlungen“.

B. Verwaltungsrecht

I. Begriff und Quellen

Verwaltungsrecht ist das Sonderrecht der öffentlichen Verwaltung.

1. Verwaltung
   Bei jedem öffentlichen Verband unterscheidet man Einrichtung (Verfassung) und Wirksamkeit (Verw. i. w. S.). Letztere gliedert sich in Rechtsbildung, Rechtspflege und Rechtsgestaltung (Verw. i. e. S.). Letztere ist teils Vollziehung, d. h. Ausführung des gesetzgeberisch formulierten Staatswillens, teils Regierung, d. h. eigenbehördliche Bildung und zugleich Betätigung des Staatswillens im Rahmen der erlassenen Gesetze, im übrigen nach freiem Ermessen. Dabei bildet die Rechtsanwendung für die Verwaltung nicht wie für die Justiz Selbstzweck, sondern Mittel zur Förderung der allgemeinen Staatszwecke.
2. Verwaltungsrecht
   Die Verwaltung verwendet teils natürliche, teils privatrechtliche, teils öffentlichrechtliche Mittel; nur die besondere Ordnung für letzteres bildet das VerwRecht. Seine Vorschriften zerfallen in Rechtsnormen für Behörden und Bürgerschaft und in VerwNormen nur für die Behörden. Die Rechtsnormen werden außer durch die Gesetzgebung mit legislativer Ermächtigung ergänzend durch die Verwaltung selbst erlassen, die Verwaltungsnormen bedürfen solcher Ermächtigung nicht.
3. Verwaltungsrechtsquellen
   Die verwaltungsrechtlichen Vorschriften wurden in der monarchischen Epoche hauptsächlich von den Gliedstaaten erlassen. In der Zeit der Republik nahm der reichsrechtliche Bestand ständig zu. Im Dritten Reich gab es fast nur noch reichsrechtliche Vorschriften für die Verwaltung. Seit dem Zusammenbruch entsteht das Verwaltungsrecht, soweit nicht Kontrollrat und Militärregierungen Bestimmungen treffen, wieder nur in den deutschen Ländern; doch gilt noch ein großer Bestand des von früher überkommenen Verwaltungsrechts des bisherigen Reiches.
4. „Deutsches Verwaltungsrecht" war bisher als praktisch-positives Recht das ReichsverwRecht und jedes einzelne deutsche LandesverwRecht, dagegen als theoretisch-wissenschaftliche Disziplin das aus sämtlichen Landesrechten nebst dem Reichsrecht gewonnene Lehrsystem. „Deutsches VerwRecht" als praktisch geltendes Recht ist gegenwärtig die Regelung durch Kontrollrat und Mil.-Regierung, das überkommene Reichsrecht, das bisherige und vor allem das neue Länderrecht.
5. Verwaltungswissenschaft
   Aus der wissenschaftlichen Synthese des VerwRechts, der allg. VerwLehre und der theoretischen VerwPolitik ergibt sich die in Deutschland noch wenig ausgebildete VerwWissenschaft.

II. Allgemeines Verwaltungsrecht

1. Verwaltungs-Rechtsgeschichte
   Die rechtsgeschichtliche Betrachtung der Verwaltung beschränkt sich auf die Entwicklung in neuerer und neuester Zeit. Diese Entwicklung vollzog sich in Deutschland seit dem 19. Jahrhundert zunächst in den Einzelstaaten, sodann seit der Schaffung eines deutschen Gesamtstaates im Kaiserreich, in der

Reichsrepublik und im Dritten Reich. Die wichtigsten Entwicklungsgänge werden in der neueren Verfassungsgeschichte mitbehandelt, im übrigen bei den einzelnen Instituten des VerwRechts berücksichtigt.

2. Verwaltungsgrundlagen
Es gilt zunächst, die Zusammenhänge zwischen Verfassung und Verwaltung, insbesondere die Abhängigkeit der Verwaltung von der jeweiligen Verfassung kurz aufzuzeigen. Sodann ist der Begriff der Verwaltung zu klären, vor allem ihre Abgrenzung von Rechtsbildung und Rechtspflege vorzunehmen. Es ist ferner auf die verschiedenen Arten der Verwaltung — verschieden namentlich nach den Verwaltungsträgern — hinzuweisen, endlich die Verwaltungsregelung darzulegen.

3. Verwaltungsaufbau
Die Organisation der Verwaltung weist grundlegende Erscheinungen — z. B. Körperschaften, Behörden, Anstalten, Ämter, Behörden — und bestimmte Grundsätze — z. B. Dezentralisation, Dekonzentration — auf. Im Bundesstaat besteht für Gliedstaaten und Gesamtstaat je ein besonderes Behördensystem, aber auch eine Verbindung beider Systeme. Zu der staatlichen Verwaltung tritt die körperschaftliche Selbstverwaltung hinzu. Ihre wichtigste Erscheinungsform bilden die Gemeinden und Gemeindeverbände. Neben dieser Kommunalverw. steht die berufsständische Selbstverw., die wirtschaftlich-soziale Eigenverwaltung.

4. Verwaltungsmittel
Es gibt persönliche, sachliche, organisatorische und finanzielle Mittel zur Durchführung der Verwaltung. Dem entsprechen die Lehren vom öffentlichen Dienst, von den öffentlichen Sachen, den öffentlichen Anstalten, den öffentlichen Finanzen.

5. Verwaltungsfunktionen
Die wichtigsten Verwaltungsmaßnahmen sind die Verwaltungsakte; diese führen zu den Sonderproblemen der Rechtskraft und der Fehlerhaftigkeit. Der Sanktion der Verwaltungsakte dienen Verwaltungszwang und Verwaltungsstrafe; der Zwang kann sich auch unmittelbar durch Sacherfassung äußern. Von größter Bedeutung ist der Verwaltungsrechtschutz; er gipfelt in der Verwaltungsgerichtsbarkeit. Bei rechtswidriger Schädigung durch die Verwaltung wird das Institut der Amtshaftung anwendbar, bei rechtgemäßer Schädigung das Institut des Aufopferungsanspruches oder der öffentlich-rechtlichen Entschädigung.

III. Besonderes Verwaltungsrecht

Hier sind die einzelnen Verwaltungsgebiete, deren rechtliche Bedeutung unterschiedlich ist, auf ihren Rechtsgehalt hin zu erörtern. Einige Gebiete sind rechtlich so bedeutsam, daß sie sich zu selbständigen Rechtsdisziplinen entwickelt haben, so vor allem seit dem ersten Weltkriege das Steuerrecht. Im einzelnen sind die wichtigsten Sonderzweige der Verwaltung die folgenden:

1. Polizeirecht
Polizei ist materiell durch ihren Zweck, formell durch ihre Befugnisse gekennzeichnet. Die alle Teilgebiete der inneren Verwaltung durchziehende Polizei dient der Erhaltung der öffentlichen Ordnung und Sicherheit. Der Polizei ist vor allem die Möglichkeit von Befehl und Zwang, überhaupt die Einwirkung auf die persönliche Freiheit eigen. Arten der Polizei sind nach

den Trägern der Polizeigewalt wie nach den Einzelaufgaben zu unterscheiden. Die Polizei erfaßt polizeiwidriges Verhalten und polizeiwidrige Zustände; ihre Wirksamkeit wendet sich regelmäßig gegen den „Störer", ausnahmsweise gegen den Schutzbedürftigen. Die polizeilichen Maßnahmen bestehen einerseits in Regelungen (Polizeiverordnung) oder konkreten Maßnahmen (Polizeiverfügung), andererseits in belastenden (Leistungs- oder Straf-Verfügungen) oder begünstigenden (Polizeierlaubnis) Maßnahmen. Gerade auf polizeilichem Gebiete ist das System der Rechtsbehelfe und Rechtsmittel bedeutsam, insbesondere die Anrufung der Verwaltungsgerichte rechtsstaatlich wesentlich.

2. Finanz- und Steuerrecht

Das Finanzrecht regelt Subjekt und Objekt des öffentlichen Vermögens, Aktiv- und Passiv-Vermögen, Einnahmen und Ausgaben der öffentlichen Verbände, nicht zum letzten den Haushaltsplan nebst Rechnungslegung und Entlastung.

Das Steuerrecht beschäftigt sich mit allen öffentlichen Abgaben. Diese zerfallen in entgeltliche Abgaben (Gebühren und Beiträge) und unentgeltliche, d. h. nicht durch öffentliche Gegenleistung bedingte Abgaben (Steuern). Die Gesamtheit der Steuern gliedert sich rechtlich in Besitzsteuern, Verkehrsteuern, Verbrauchsteuern und Zölle. Die wichtigsten Besitzsteuern sind Einkommen-, Körperschaft-, Vermögen-, Erbschaft-Steuer. Als Verkehrsteuern verdienen Umsatz-, Grunderwerb-, Kapitalverkehr-Steuer hervorgehoben zu werden. Verbrauchsteuern ruhen auf Genußmitteln oder anderen Bedarfsgegenständen. Zölle belasten die Einfuhr von Waren.

Die Organisation der Steuerbehörden kompliziert sich im Bundesstaat gemäß der Verteilung der Steuerquellen auf Bund und Länder, in jedem Staat gemäß der Verteilung der Steuerquellen auf Staat und Selbstverwaltungskörper. Hieraus erwächst das Problem des äußeren und inneren Finanzausgleichs.

Während das Kaiserreich die Steuerbehörden einzelstaatlich organisiert hatte, erfolgte zu Beginn der Reichsrepublik die Verreichung der Steuerbehörden in der Erzberger'schen Finanzreform. Heute steht der steuerliche Behördenapparat wieder den Ländern zu.

3. Gewerberecht

Auch dieses anfängliche Teilgebiet hat sich aus dem Rahmen des Verwaltungsrechts gelöst und zu selbständiger Bedeutung entwickelt. Es verdankte diesen Aufschwung namentlich dem großen Fortschritt im 19. Jahrhundert vom vormaligen Zunftzwang zur neuzeitlichen Gewerbefreiheit. Leider hat seit dem Dritten Reich eine zunehmend rückläufige Bewegung die Gewerbefreiheit beseitigt und im Rahmen der allgemeinen Wirtschaftslenkung durch das Zulassungssystem ersetzt. Allerdings gelten nach wie vor die früheren Gesetze, an ihrer Spitze die Gewerbeordnung von 1869. Danach sind drei Grundformen des Gewerbebetriebes zu unterscheiden: Stehendes Gewerbe, Wandergewerbe, Marktverkehr. Zu den allgemeinen gewerberechtlichen treten besondere Vorschriften für Handel und Handwerk, zu den materiell-rechtlichen Bestimmungen solche über organisatorische gewerbliche Einrichtungen der Selbstverwaltung und der Staatsverwaltung.

4. Verkehrsrecht

Vormals Abschnitt des Gewerberechts, ist das Verkehrsrecht in unserer Zeit durch die Entfaltung des Verkehrswesens und durch die vordringliche Beteiligung der öffentlichen Hand auch juristisch zu selbständiger Bedeutung gelangt. Den wichtigsten Verkehrsarten entsprechen neuzeitliche Verkehrsregelungen. Zum Landstraßen- tritt der Wasserstraßen- und Schiffahrts-, sowie der Kraftverkehr, dazu ferner der Eisenbahn- und der Luftverkehr; ein besonders wichtiges Zubehörstück bildet das grundsätzlich hoheitliche Post- und Fernmeldewesen.

5. Wohlfahrtspflege
Dieser besondere Verwaltungsbereich umfaßt das Bevölkerungs- und Wohnungswesen, die Volksgesundheit, die Armenfürsorge, das Siedlungs- und neuerdings Flüchtlingswesen, teilweise den Arbeitnehmerschutz, nicht zum letzten die Sozialversicherung mit ihren verschiedenen Zweigen wie Krankenversicherung, Unfallversicherung, Rentenversicherung der Angestellten und Arbeiter, Knappschaftsversicherung und Erwerbslosenversicherung.

6. Bildungspflege
Auch dieser Zweig staatlicher Wirksamkeit entbehrt nicht der rechtlichen Regelung. Hierhin gehört das gesamte Volksbildungs- und vor allem das Unterrichtswesen, die administrativ schützende, aber auch lenkende Staatstätigkeit gegenüber niederen und höheren Schulen, Berufs- und Fachschulen, Hochschulen wie Akademien und Universitäten. Darüber hinaus betreut der Staat die wissenschaftliche Forschung, den Natur- und Kunstschutz.

IV. Methode

1. Die unübersehbare Fülle schon des rechtlichen und vollends des tatsächlichen Verwaltungsstoffes zwingt dazu, es nicht bei der bloß beschreibenden Darstellung, wie es die frühere „Verwaltungslehre" tat, bewenden zu lassen, sondern das ganze Gebiet juristisch zu durchdringen, d. h. die Grundsätze, Grundeinrichtungen und Grundprobleme zu ermitteln und zu einem betont juristischen System zu verarbeiten. Das Verdienst bahnbrechender Arbeit in diesem Sinne kommt namentlich Otto Mayer zu.
2. Dabei genügt keineswegs die Betrachtung nur der rechtlichen Formen, vielmehr muß mit der juristischen die dynamische Methode verbunden werden. Diese erfordert gerade im Verwaltungsleben die Berücksichtigung und Verwertung auch der hier wirksamen politischen, wirtschaftlichen, sozialen und kulturellen Kräfte.

C. Kirchenrecht

I. Begriff und Quellen

Kirchenrecht ist das Sonderrecht der christlichen Religionsgesellschaften.

1. Kirche
Kirche im religiösen oder Lehrsinne ist die Gesamtheit der Bekenner eines christlichen, insbesondere des römisch-katholischen, des evangelischen, des griechisch-orthodoxen Glaubens. Kirche im Rechtssinne ist der organisierte Verband solcher Bekenner: die eine katholische Weltkirche, die vielen evangelischen Landeskirchen, die mehreren orthodoxen Kirchen. Neben den christlichen (Kirchen) stehen die nichtchristlichen Religionsgesellschaften, z. B. der Israeliten und der Mohammedaner; auch diese sind Religionsgesellschaften, weil sie auf bestimmter Bekenntnisgrundlage beruhen. Mangels einer solchen liegt bloß ein religiöser Verein vor.

2. Kirche und Recht

Die Kirche ist als menschlicher Verband, nach katholischer Lehre als göttliche Stiftung rechtlicher Regelung zugänglich und bedürftig. Diese erfolgt vornehmlich durch die Kirche selbst, teilweise aber auch durch den Staat. Aus dem Zusammenschluß des kirchlich-konfessionellen mit dem staatlich-interkonfessionellen Recht erwächst das gesamte Recht für die Kirche, das Kirchenrecht (ius ecclesiasticum). Jenes (kirchliches Recht) regelt die innerkirchlichen Rechtsverhältnisse, letzteres die Beziehungen der Kirche zum Staat und das beiden gemeinsame Rechtsgebiet (Staatskirchenrecht). Das kirchliche Recht des Mittelalters griff weit über die kirchlichen Grenzen hinaus und ordnete auch weltliche Angelegenheiten der Kirche, ja des Staates. Dieses sogenannte kanonische Recht fand seinen Niederschlag im Corpus iuris canonici, an dessen Stelle 1917 der Codex iuris canonici getreten ist.

3. Kirche und Staat

Beide Verbände haben von jeher räumlich, sachlich und persönlich Berührungspunkte gehabt. Die Abgrenzung beider Bereiche und die Grenzziehung zwischen beiden Mächten ist eines der größten auch rechtlichen Probleme in Mittelalter und Neuzeit. Der Mangel eines gemeinsamen oder gar höheren Rechtsbodens schließt eine genaue und verbindliche Scheidung aus. Daher gibt, soweit nicht eine vereinbarliche Regelung gelingt, die jeweilige Machtverteilung den Ausschlag. Immerhin gestattet sie in Verbindung mit dem positiven Recht die Aufstellung von kirchenpolitischen Systemen. Danach bestimmt sich auch, ob das kirchliche Recht als originäre Rechtsquelle neben der staatlichen gelten kann oder nur kraft staatlicher Ermächtigung, d. h. als autonomes Recht wirksam ist.

II. Inhalt

1. Kirchliche Rechtsgeschichte

Ihre Forschung und Lehre hat als „Kanonistik" selbständige Bedeutung neben Romanistik und Germanistik erlangt. Dabei werden bestimmte Zeitabschnitte der rechtlichen Entwicklung unterschieden. Im Anschluß an Stutz, Kirchenrecht, in v. Holtzendorff-Kohlers Enzyklopädie V 1914, ist folgende Gliederung maßgeblich geworden.

a) Für die Geschichte des katholischen Kirchenrechts: die sechs Perioden des Missionskirchenrechts der christlichen Frühzeit, des römischen Kirchenrechts, des germanischen Kirchenrechts, des kanonischen Rechts, des „katholischen" Kirchenrechts, des „vatikanischen" Kirchenrechts;

b) für die Geschichte des evangelischen Kirchenrechts: die vier Perioden der Reformation, der gesonderten Entwicklung des lutherischen und des reformierten Kirchenrechts, der gemeinschaftlichen Entwicklung des deutsch-evangelischen Kirchenrechts im 19. Jahrhundert, der neuesten Entwicklung der selbständigen Landeskirchen seit 1918.

2. Katholische Kirchenverfassung

Grundlegend sind der päpstliche Primat (Primat kommt vom lateinischen Wort primus: der Erste; Primat bedeutet oberste Entscheidungsbefugnis), die Potestas ordinis et iurisdictionis (Potestas = Gewalt, ordo = Weihe, Weihegewalt, iurisdictio = Regierungsgewalt), füglich die Hierarchia (Herrschaft) ordinis et iurisdictionis, der Unterschied von Klerus und Laien. Die

Organisation der katholischen Kirche umfaßt das Papsttum, das Bischoftum, das Pfarramt, die religiösen Genossenschaften.

3. Evangelische Kirchenverfassung
Grundlegend sind die Kirchengemeinden und die einzelnen Landeskirchen sowie ihr höherer Zusammenschluß zum Kirchenbund bzw. zur Bundeskirche. Die Organisation war früher obrigkeitlich (landesherrliches Kirchenregiment, Konsistorial-Synodalverfassung) ist heute genossenschaftlich (Gemeinden, Synodalverbände, Landeskirche). Geistliches Amt ist das Pfarramt.

4. Kirchliche Verwaltung
Diese bezieht sich auf weltliche und geistliche Angelegenheiten, auf Verwaltung i. e. S. und Rechtspflege, auf Ämter-, Vermögens- und Verbandswesen. Die geistliche Verwaltung betrifft den Kultus, die Sakramente, insbesondere das Ehewesen.

5. Staat und Kirche
Ihr Verhältnis wird entweder beiderseits selbständig oder vereinbarlich durch Konkordat geordnet. Die möglichen kirchenpolitischen Systeme sind in historischer Folge:
a) Verbindung im Kirchenstaatstum oder Staatskirchentum,
b) kirchliche Selbständigkeit unter staatlicher Aufsicht,
c) Trennung von Staat und Kirche.
Die wichtigsten Einzelfragen des Staatskirchenrechts sind Bekenntnisfreiheit, Religionsgesellschaftsfreiheit, staatliche Ausstattung mit privater und öffentlicher Rechtsfähigkeit, kirchliche Selbstverwaltung unter Staatsaufsicht, staatliche Anerkennung, Berücksichtigung und Vergünstigung der Kirchen.

III. Methode

1. Die kirchenrechtliche Forschung und Lehre bedarf, wie die vorstehende Uebersicht hat erkennen lassen, besonders gründlicher geschichtlicher Fundierung. Auf die hohe Bedeutung gerade der kirchlichen Rechtgeschichte überzeugend aufmerksam gemacht zu haben, ist das große Verdienst von Ulrich Stutz.
2. Sie bedarf ferner der eingehenden Berücksichtigung der bewegenden Kräfte des Kirchenrechts, besonders der Politik und Religion.
   a) Das äußere dynamische Moment ist die Politik, sowohl diejenige innerhalb der Kirchen wie die des Staates gegenüber den Kirchen. Die Politik einerseits im großen des Papstes und der römischen Kurie wie im kleinen der evangelischen Kirchenregierungen, anderseits der Staatsregierungen in kirchlichen Angelegenheiten erschließt erst das Verständnis für manche und volles Verständnis für jede Norm des Kirchenrechts.
   b) Das innere dynamische Moment ist die Religion. Sie bildet normalerweise die Seele der Kirchen und auch ihres Rechts, welche ihrerseits die berufenen Hüter der Religion sind. Gewiß darf man die Dinge des Glaubens und die Gegenstände des (Kirchen-)Rechts nicht verwechseln oder vermischen; da aber die religiösen Wahrheiten die treibenden Kräfte für die Einrichtung der Kirchen und für die Gestaltung ihres Rechts sind, hängt dessen restlose Erkenntnis von ihrer Mitberücksichtigung ab.

D. Völkerrecht

I. Begriff und Quellen

1. Eigenart
Wie das Kirchenrecht, greift auch das Völkerrecht über den Staat weit hinaus. Sein Feld ist die Welt. Aus der Interessen- und Kulturgemeinschaft der Völker erwächst zwischen den beteiligten Staaten ein Verkehr und für ihn eine Ordnung. Diese internationale Rechtsordnung, welche das Verhalten, besonders die gegenseitigen Rechte und Pflichten der Mitglieder einer Staatsgesellschaft bei Ausübung der staatlichen Hoheitsrechte regelt, ist das Völkerrecht. Eine Völkerrechtsgemeinschaft kann aus zwei, aus mehreren, aus allen Staaten der Erde bestehen: partikuläres und allgemeines Völkerrecht. Das Völkerrecht ist wirkliches, echtes, positives Recht, allerdings noch jung — „spätgeborenes Kind der Zivilisation" — und noch unvollkommen. Es fehlt ihm eine obrigkeitliche Rechtssetzung, eine wirksame Exekutive, eine vollkommene Justiz. Völkerrecht ist kein innerstaatliches Recht (so die „Leugner"), kein überstaatliches Recht (so die Utopisten), sondern zwischenstaatliches Recht; es wird durch ausdrückliche Vereinbarung oder stillschweigende Übung von Staaten gebildet, bedarf aber einzelstaatlicher Verankerung, gilt kraft Selbstbindung des — dann aber daran gebundenen — einzelnen Staates. „Das erste steht uns frei, beim zweiten sind wir Knechte".
2. Quellen
Erst galt zwischen den Staaten nur Gewohnheitsrecht; dann kamen Vereinbarungen über Einzelfragen (1780, 1815, 1856) auf, endlich Vereinbarungen über ganze Materien, wie Schiedsgerichtsbarkeit und Kriegsrecht: 1864, 1899, 1906, 1907, 1909, 1925 Locarno-Abkommen, 1928 Kellogg-Pakt, 1930 Young-Plan, 1945 UN.
3. Die Entwicklung einer Völkerrechtswissenschaft datiert seit 1625: Hugo Grotius, de iure belli ac pacis libri tres (Über das Recht des Krieges und des Friedens, 3 Bücher).

II. Inhalt

Völkerrechtsträger sind grundsätzlich nur Staaten, ausnahmsweise auch „Staatsfragmente", wie z. B. die Dominions des britischen Weltreichs bis 1926.

1. Vollberechtigte Mitglieder einer Vö-Gemeinschaft sind nur anerkannte und souveräne Staaten, bei Staatenverbindungen je nach der Konstruktion die Glieder oder der Verband. Neben der Voll- besteht eine Halb-Souveränität bei abhängigen Staaten. Souveräne Staaten sind unbeschränkt rechts-, geschäfts- und deliktsfähig.
2. Die natürlichen Grundlagen eines Staates — Gebiet und Volk — sind auch völkerrechtlich erheblich: Beschränkungen und Wechsel der Gebietshoheit; Staatservituten. Plebiszit und Option. Doppelbürger und Staatenlose; Fremdenrecht.
3. Die Vö-Organisation besteht aus nationalen und internationalen Organen.
   a) Nationale: Staatshaupt, Gesandte, Konsuln.
   b) Internationale: Kongresse und Konferenzen, Internat. Geschäftsstellen und Ämter. Internat. Gerichte. Organe des Völkerbundes, der UN.
4. Das Friedensvölkerrecht regelt Gegenstände und Formen des vö. Verkehrs. Gegenstände sind gemeinsame wirtschaftliche, soziale, kulturelle,

justizielle Interessen. Formen sind vö. Rechtshandlungen und Rechtsgeschäfte, Verträge, Bündnisse. Bei Rechts- und Vertragsverletzungen liegt ein vö. Delikt vor, aus welchem dem verletzenden Staat gegenüber die Deliktshaftung geltend gemacht werden kann.

5. Das Kriegsvölkerrecht zerfällt in Kriegsverhütungs- und Kriegsführungsrecht.
   a) Kriegsverhütung: Vergleichs- und Vermittlungs-, Schieds- und Gerichtsverfahren,
   b) Kriegführung ist rechtlich begrenzt und beschränkt, so für den Land-, See- und Luftkrieg. Haager Landkriegsordnung, Rotes Kreuz, Abk. über Kriegsgefangene. Neutralität dritter Staaten; Neutralitätsrecht im Verhältnis zu den Kriegführenden.

III. Methode

Als junges, unvollkommenes, schwankendes und umstrittenes Recht erfordert das Völkerecht in Forschung und Lehre eine besonders sorgfältige methodische Behandlung.

1. Eine sichere Grundlage dürfte gerade beim Völkerrecht nur die positiv-juristische Methode bilden. Sie besteht hier darin, daß die geschriebenen Völkerrechtsvorschriften und die aus klarer Staatenpraxis deutlich erkennbaren ungeschriebenen Völkerrechtsnormen unter scharfer kritischer Prüfung auf Geltung, Bereich und Inhalt zusammengestellt, hieraus die wissenschaftlichen Grundsätze abstrahiert und so die Grundeinrichtungen erkannt und geklärt werden. Andernfalls läuft man Gefahr, mit Willkür und Phantasie ein angebliches Recht zu fabrizieren, dessen die Wirklichkeit spottet.
2. Dabei darf natürlich keine der im Völkerleben und Staatenverkehr wirksamen Kräfte und lebendigen Strömungen übersehen werden und unberücksichtigt bleiben.
   a) Solche Kräfte, die sorgsame Beachtung heischen, wirken in der auswärtigen Politik der Staaten, besonders der Großmächte, in der Taktik und Bürokratie der Diplomatien, in der Arbeitsweise der internationalen Konferenzen und ständigen Organe früher des Völkerbundes, heute der UN.
   b) Solche Strömungen erblicken wir namentlich in den geistig-sittlichen Bestrebungen und Betätigungen inoffizieller oder offiziöser Art wie vor allem Friedensbewegung (Pazifismus) und Kriegsächtung.
3. Die Auswertung solcher Kräfte und Strömungen für die Erkenntnis der lex lata und für die Förderung der lex ferenda kann segensreich sein, wenn sie sich nur vor der Verwechslung zwischen Kraft (Strömung) und Rechtsnorm, aber auch vor wirklichkeitsfremden Überspannungen hütet.

10. Kapitel

Justizrecht

A. Strafrecht

I. Begriff und Wesen; Quellen

1. Grundlagen

   Das Strafrecht bezweckt die Erhaltung der Ordnung in den öffentlichen Verbänden, besonders im Staat, und den Schutz der für jene Ordnung wesentlichen Rechtsgüter der Gesamtheit wie des einzelnen durch das besondere Mittel der „Strafe“ als schärfster Reaktion gegen Rechtsbrüche. Die Strafe trifft jedoch nicht den Rechtsbruch, sondern den Rechtsbrecher, der durch bestimmtes Verhalten mit bestimmtem Erfolg die Rechtsordnung verletzt hat. Das (objektive) Strafrecht regelt die Voraussetzungen (Verbrechen) und den Inhalt (Strafe) der staatlichen (subjektiven) Strafbefugnis. Es bestimmt und begrenzt den strafrechtserheblichen äußeren Bruch der Rechtsordnung durch zurechenbares menschliches Verhalten. Es stellt daher ein System einzelner, festumrissener Deliktstypen auf und schließt Gewohnheitsrecht, Analogie und schon ausdehnende Auslegung zur Begründung der Strafbarkeit menschlichen Verhaltens aus. Die Strafrechtssätze haben normierende und gewährleistende Funktion; sie stellen Entscheidungsnormen für die Organe der Strafrechtspflege, Verhaltensnormen für die Bürger auf. Sie gewährleisten dem Staat und dem Bürger den Schutz bestimmter öffentlicher und privater Interessen, bilden aber auch für den Verbrecher die magna charta des Rechtsstaates: Nullum crimen sine lege, nulla poena sine lege (Seite 37).

2. Wesen der Strafe

Wer straft? Nur der Staat; denn Bestrafung ist im Gegensatz zur Privatbuße ein Hoheitsakt.

Warum wird gestraft? Man unterscheidet absolute, philosophisch begründete und relative, erfahrungsmäßig begründete Strafrechtstheorien.

Doch lassen sich beide Arten miteinander vereinbaren und verbinden. Absolute oder Vergeltungstheorien: Quia peccatum est (weil gefehlt worden ist). Dahin gehören die Theorien der göttlichen Vergeltung, der Talion, der logischen Negation des Verbrechens. Relative oder Abschreckungstheorien: Ne peccetur (damit nicht gefehlt werde). So die Theorien der General- und Spezialprävention, der Sicherung, der Besserung.

Wofür wird gestraft? Für bestimmtes objektives, äußeres Verhalten des Menschen, nicht für subjektives, inneres Verhalten wie Charakter, Gesinnung; doch kann diese bei der Strafzumessung eine Rolle spielen.

Wer wird gestraft? Der zurechnungsfähige Einzelmensch. Societas delinquere non potest: Eine Gemeinschaft kann keine strafbare Handlung begehen. Doch kennt Ausnahmen das Steuerstrafrecht und das kanonische Strafrecht, allerneuestens auch das Völkerrecht.

Worin besteht die Strafe? In der Zufügung eines Uebels. Den Gegensatz bilden: Schadenausgleichung, Unschädlichmachung, sichernde Maßnahme, Zwangsgeld, Konventional„strafe“.

3. Strafrechtsquellen

Reichsstrafgesetzbuch 1871 nebst Novellen und Strafnebengesetzen, z. B. Jugendgerichtsgesetz. Landesrechtliche Strafnebengesetze. Landesrecht ist — auch heute noch! — ausgeschlossen, soweit im Reichsstrafgesetzbuch dieselbe „Materie“ erkennbar erschöpfend oder mit solcher Tendenz geregelt ist. Das kanonische (katholisch-kirchliche) Strafrecht des codex iuris canonici Buch V ist ohne bürgerliche Wirkung.

Die seit Jahrzehnten schwebende Strafrechtsform ist immer noch nicht abgeschlossen.

II. Allgemeine Lehren

Die Strafrechtsnormen bestimmen einerseits die Strafvoraussetzungen („Tatbestand“), anderseits die Strafwirkung (Strafdrohung). Das Strafrecht umfaßt demgemäß die Lehre vom Verbrechen und die Lehre von der Strafe.

a) Lehre vom Verbrechen

Verbrechen i. w. S. ist jedes tatbestandsmäßige, rechtswidrige, schuldhafte Verhalten. Die Verbrechen i. w. S. zerfallen in Verbrechen i. e. S., Vergehen, Übertretungen; maßgebend ist die Strafdrohung.

1. Verhalten.
   - aa) Tun. Tatbestand: Willensbetätigung (bewußt gewolltes körperliches Verhalten) mit Erfolg (Veränderung in der Außenwelt) in ursächlichem Zusammenhang.
   - bb) Unterlassen: echtes Unterlassungsdelikt, wenn ein Handeln gesetzlich geboten war; unechtes Unterlassungsdelikt, wenn das Handeln gesetzlich verboten ist.
2. Tatbestandsmäßigkeit, d. h. das Verhalten ist unter einen gesetzlich bestimmt formulierten Tatbestand ohne ausdehnende Auslegung oder Analogie subsumierbar.
3. Rechtswidrigkeit, d. h. rechtlich unerlaubt; Unterlassen nur dann, wenn Rechtspflicht zum Handeln bestand.
4. Verschulden: innerer, seelischer Tatbestand. Grundsätzlich besteht Schuld-, nicht Erfolgshaftung. Verschulden setzt Zurechnungsfähigkeit und Vorsatz oder Fahrlässigkeit voraus.
   - aa) Zurechnungsfähigkeit: Fähigkeit freier Bestimmung des Willens. Gegensatz: Zurechnungsunfähigkeit (keine Bestrafung) und geminderte Zurechnungsfähigkeit (geringere Strafzumessung). Zurechnungsunfähig sind: Kinder, Geistesgestörte, Bewußtlose, relativ die Jugendlichen und Taubstummen.
   - bb) Vorsatz oder Fahrlässigkeit. Vorsatz ist nach der Willenstheorie das Wissen der Tatumstände, verbunden mit Einwilligung der Verwirklichung; nach der Vorstellungstheorie die Kenntnis der Tatumstände und die Voraussicht des Erfolges. Bedeutung des Irrtums: Tatsachenirrtum ist beachtlich, Rechtsirrtum grundsätzlich nicht.
     Fahrlässigkeit: Der Täter hätte den voraussehbaren Erfolg bei gehöriger Aufmerksamkeit vermeiden können.
5. Strafausschließungsgründe.
   Unrechtausschließungsgründe (Rechtfertigungsgründe) sind Notwehr, Selbsthilfe, Züchtigungsrecht, Amtsgewalt, behördliche Erlaubnis, möglicherweise Einwilligung.
   Schuldausschließungsgrund (Entschuldigungsgrund) ist Notstand.
   Persönliche Strafausschließungsgründe sind Abgeordnetenmandat, Verwandtschaft und Ehe, Notwehrexzeß, Exterritorialität.
   Strafaufhebungsgründe sind Verjährung, Begnadigung, bedingte Strafaussetzung, bedingter Straferlaß, Rehabilitation, tätige Reue.
6. Strafausdehnungsgründe.
   - aa) Versuch ist teilweise Verwirklichung des Tatbestandes, mehr als Vorbereitung, weniger als Vollendung.
   - bb) Teilnahme ist bewußte Mitwirkung. Arten: Mittäterschaft (wenn aktiv unbewußt: Mehrtäterschaft; wenn passiv unbewußt: Mittelbare Täterschaft), Anstiftung zu einem begangenen Verbrechen i. w. S.,

Beihilfe zu einem begangenen Verbrechen i. e. S. oder zu einem Vergehen.

7. Verbrechenseinheit und -mehrheit.
   aa) Mehrheit — Realkonkurrenz—: mehrere Handlungen, mehrere Tatbestände, ein Urteil, eine Gesamt-Strafe.
   bb) Einheit — Idealkonkurrenz (eine Handlung, mehrere gleichwertige Tatbestände); Gesetzeskonkurrenz (eine Handlung, mehrere ungleichwertige Tatbestände); fortgesetztes Verbrechen (eine Handlung, ein Tatbestand kraft objektiver Zusammenfassung); Gesamtverbrechen (eine Handlung, ein Tatbestand kraft subjektiver Zusammenfassung).

b) Lehre von der Strafe

1. Strafarten:
   Strafen am Leben (Tod), an der Freiheit (Zuchthaus, Gefängnis, Festung, Haft), am Vermögen (Geldstrafe, Verfallerlärung), an der Ehre (Aberkennung der bürgerlichen Ehrenrechte);
   Hauptstrafen sind selbständig verhängbar, Nebenstrafen nur zusätzlich (akzessorisch). Erziehungsmaßnahmen und Buße sind keine Strafen.
2. Straffestsetzung: Man unterscheidet:
   Strafzumessung: bei Bemessung innerhalb des Rahmens spielen Strafschärfungs- und Strafmilderungsgründe eine Rolle;
   Strafänderung: Änderung des Strafrahmens wegen Vorliegens von Straferhöhungs- und Strafminderungsgründen;
   Strafumwandlung: z. B. von Geld- in Freiheitsstrafe und umgekehrt;
   Strafanrechnung: z. B. der Untersuchungshaft.

III. Die einzelnen Straftatbestände

A. Gegen den Staat

1. Gegen den Bestand des Staates („politische Verbrechen"), des eigenen oder fremder Staaten.
   a) Gegen den eigenen Staat, gegen seinen Bestand (Hoch- und Landesverrat) oder seine Staatsform (Republikschutz).
   b) Gegen Bestand, Hoheitszeichen, Staatshaupt, Gesandte „befreundeter" Staaten.
2. Gegen die Organe der Staatsgewalt.
   a) Parlament: Delikte gegen Wahl- und Stimmrecht.
   b) Verwaltungs- und Justizbehörden: Ungehorsam (Aufwiegelung, Auflauf), Widersetzlichkeit (Widerstand, Nötigung, Aufruhr, Meuterei, Gefangenenbefreiung); Mißachtung (Amtsanmaßung, Arrestbruch).
3. Gegen die Funktionen der Staatsgewalt.
   a) Verwaltung: Polizeiwesen (Grober Unfug, unterlassene Nothilfe, Bettelei und Landstreicherei), Vereins- und Versammlungswesen (Geheimbündelei, staatsfeindliche Verbindungen, Sprengung von Versammlungen), Preßwesen (Preßdelikte und Preßpolizeidelikte), Finanzwesen (Steuerstrafrecht).
   b) Rechtspflege: Meineid und Falscheid, falsche Anschuldigung, Nichtanzeige, Begünstigung.
   c) im öffentlichen Dienst: Verbrechen und Vergehen im Amt, eigentliche und uneigentliche Beamtendelikte.

B. Gegen die Gesellschaft

1. Gegen Religion, Religionsgesellschaften, Totenruhe und Gräberfrieden.
2. Gegen die Sittlichkeit.
   Ehebetrug, Ehebruch, Bigamie; verbotener Geschlechtsverkehr und Unzucht; Kuppelei, Zuhälterei; unzüchtige Schriften;
3. Gegen den äußeren Frieden im Staat. Haus- und Landfriedensbruch, Landzwang, bewaffneter Haufe, Aufreizung zum Klassenkampf, Kanzelmißbrauch.
4. Gegen die Sicherheit im geschäftlichen Verkehr. Münz- und Gelddelikte, Urkundendelikte, Warenfälschung.
5. Gemeingefährliche Verbrechen, Brandstiftung, Sprengstoffdelikte, Überschwemmung, Transportgefährdung usw.

C. Gegen Rechtsgüter des einzelnen

1. Gegen die Person
   a) Leben: Mord und Tötung, Abtreibung.
   b) Körper: Körperverletzung, Vergiftung, Aussetzung, Zweikampf, Raufhandel.
   c) Freiheit: Nötigung, Bedrohung, Freiheitsberaubung, Menschen-, Sklaven-, Kinder-, Frauenraub.
   d) Ehre: Beleidigung, üble Nachrede, Verleumdung, Kreditgefährdung, Beschimpfung Verstorbener.
2. Gegen das Vermögen. In Betracht kommen Delikte
   a) an Sachen, z. B. Diebstahl, Unterschlagung, Raub, Beschädigung.
   b) an Rechten, d. h. gegen Aneignungs-, Urheber- und Erfinder-, Forderungsrechte, Privatgeheimnisse.
   c) am Vermögen schlechthin: Betrug, Erpressung, Ausbeutung, Wucher, Hehlerei, Partiererei, Untreue usw.

IV. Methode

1. Die juristisch-dogmatische Methode ist grundlegend, doch wird sie beim Strafrecht durch dessen erwähnte Haupteigenart der Notwendigkeit festumgrenzter Deliktsbestände dahin modifiziert, daß die Verwendung von ausdehnender Auslegung, Analogie und Gewohnheitsrecht zur Begründung von Strafbarkeit ausgeschlossen ist.
2. Auch die dynamische Methode spielt im Strafrecht eine große Rolle; sie besteht hier in der Berücksichtigung.
   a) einerseits der inneren (psychologischen und psychopathischen) und äußeren (sozialen und wirtschaftlichen) Beweggründe des Täters für sein Verhalten.
   b) anderseits der kriminalpolitischen Gesichtspunkte bei der Auslegung und Anwendung des bestehenden Strafrechts und bei der Gestaltung neuen Strafrechts.
3. Endlich wirken sich die verschiedenen Strafrechtstheorien über ihre erkenntnistheoretische Bedeutung hinaus auch praktisch bei der Strafrechtsanwendung und bei der Strafgesetzgebung aus.

B. Strafprozeß

I. Begriff und Quellen

1. Unter Strafprozeß versteht man das rechtlich geordnete gerichtliche Verfahren zur Festsetzung der Strafe für ein nach den Strafgesetzen strafbares menschliches Verhalten. Anders als im Zivilrecht schließt sich im

Strafrecht an jede Tat, sofern der Täter gefaßt wird, der Prozeß an. Auf die gerichtliche Straffestsetzung folgt die administrative Strafvollstreckung. Anders als im Zivilprozeß bildet nach dem Erkenntnisverfahren das Vollstreckungsverfahren den grundsätzlich notwendig eintretenden zweiten Teil der Strafjustiz. Das Strafprozeßrecht umfaßt im weiteren Sinne auch das Vollzugs-, im engeren Sinne nur das Erkenntnisverfahren.

2. Rechtliche Regelung

a) Das Erkenntnisverfahren regelt die Strafprozeßordnung von 1877, deren spätere Fassung von 1924 gegenwärtig unter Beseitigung der mancherlei Verschlechterungen während des „Dritten Reiches" in allen wichtigen Punkten wiederhergestellt wird. Eine Ergänzung zur StPO. bildet das Jugendgerichtsgesetz von 1923. Ob die Normierung des Strafverfahrens seit dem Zusammenbruch reichs- oder landesrechtliche Materie ist, scheint noch nicht abschließend geklärt zu sein.

b) Der Strafvollzug richtet sich nach einigen reichsrechtlichen Rechts- und Verwaltungsvorschriften, im übrigen noch weitgehend nach bisherigem Landesrecht und neuem Länderrecht. Bedeutsam war die Vereinbarung zwischen den deutschen Landesregierungen über „Grundsätze für den Vollzug von Freiheitsstrafen" aus dem Jahre 1923.

II. Strafbehörden

1. Die Strafgerichte sind durchweg staatliche Justizbehörden; sie gliedern sich in ordentliche, besondere und Ausnahmegerichte. Unter „Gericht" wird verwaltungsmäßig die Gerichtsbehörde, rechtspflegemäßig der dort gebildete Spruchkörper — Kollegium oder Einzelrichter — verstanden. Die Kollegien bestehen entweder ganz aus Berufsrichtern oder gemischt aus Berufs- und Volksrichtern. Der Einzelrichter ist bislang stets ein Berufsrichter gewesen.

a) Ordentliche Strafgerichte (Gerichtsbehörden) waren in Deutschland bisher Amts-, Land-, Oberlandesgerichte und das Reichsgericht; dazu traten als oberste Landesgerichte in Preußen das Kammergericht, in Bayern das Oberste Landesgericht. Das Reichsgericht in Leipzig bestand von 1877 bis 1945 als reichseigene Justizbehörde. Amts-, Land- und Oberlandesgerichte waren erst durch die Justizreform des Dritten Reiches Reichsbehörden geworden; sie werden seit dem Zusammenbruch nach vorübergehender Stillegung als Länderbehörden erneuert. Außerdem sind zwischen den Ländern, ja zwischen den Zonen neue Obergerichte — so für die anglo-amerikanische Doppelzone 1948 in Köln — in der Entstehung begriffen.

Spruchkörper sind:

aa) Beim Amtsgericht der Amtsrichter allein oder das aus Amtsrichter und Schöffen zusammengesetzte Schöffengericht.
Das Justizinstitut der Schöffen war im Dritten Reich beseitigt worden, wird aber gegenwärtig in den deutschen Ländern wieder erneuert.

bb) Beim Landgericht — abgesehen vom Untersuchungsrichter — die beschließende Strafkammer, die erkennende Strafkammer (diese anfänglich und im Dritten Reich ohne Schöffen; in der Republik und in Zukunft wieder mit Schöffen), sowie das Schwurgericht. Bei letzterem bestand vor 1924 eine Teilung in Richterbank und Geschworenenbank. Durch die Reform von 1924 wurden beide Bänke vereinigt, erhielten also die Schwurgerichte den Charakter von großen Schöffengerichten. In dieser Gestalt wird das während des Dritten Reichs abgeschaffte Schwurgericht zurzeit wiederhergestellt.

cc) Beim Oberlandesgericht die Strafsenate, nur mit Berufsrichtern besetzt.

dd) Beim vormaligen Reichsgericht bestanden die Strafsenate gleichfalls nur aus Berufsrichtern.

b) Besondere Strafgerichte waren im Kaiserreich und in der Reichsrepublik entweder reichsrechtlich bestellt oder reichsrechtlich zugelassen. Besondere Strafgerichte der ersteren Gruppe waren die Konsulargerichte, die Militärgerichte und vor allem die Jugendgerichte. Besondere Strafgerichte der zweiten Gruppe waren namentlich die von den Ländern bestellten Strompolizeigerichte.
Die im Dritten Reich geschaffenen „Sondergerichte" bei den Landgerichten sowie der sogenannte „Volksgerichtshof" bildeten Ausnahmegerichte, wenn überhaupt echte Gerichte.

c) Ausnahmegerichte, d. h. solche Strafgerichte, deren Einrichtung oder Zuständigkeit erst nach einer begangenen Straftat begründet wird, gab es vor dem Dritten Reich in höchst seltenen Ausnahmefällen; ihre Wirksamkeit ist nach rechtsstaatlicher Justizauffassung nicht zu rechtfertigen.

2. Das Institut der Staatsanwaltschaft ist französischen Ursprungs. In Deutschland bildete und bildet die Staatsanwaltschaft eine Justizbehörde, die den Gerichten angegliedert, aber nicht mit richterlicher Unabhängigkeit ausgestattet ist, sondern den Weisungen der vorgesetzten Stellen, zuhöchst des Justizministers Folge zu leisten hat. Die Staatsanwaltschaft dient den Zwecken der Strafverfolgung und der Strafvollstreckung, beides mit Unterstützung durch die Kriminalpolizei. Früher galt ausnahmslos, heute gilt nur noch grundsätzlich das Legalitätsprinzip, wonach die Staatsanwaltschaft nach einer strafbaren Handlung tätig zu werden verpflichtet ist; den Gegensatz bildet das Opportunitätsprinzip.

Die Reichsanwaltschaft beim Reichsgericht unterstand dem Oberreichsanwalt. Weiterhin leitet die Behörde bei den Oberlandesgerichten der Generalstaatsanwalt, bei den Landgerichten der Oberstaatsanwalt, bei den Amtsgerichten der Erste Amtsanwalt. —

Anhangsweise sei darauf hingewiesen, daß zwar den Strafgerichten prinzipiell das Justizmonopol zusteht, die Gesetzgebung aber in weitem Ausmaß auch Verwaltungsbehörden entweder eine Beteiligung an der Strafverfolgung oder ein selbständiges Straffestsetzungsrecht zuerkannt hat.

Beispiele: Polizeistrafrecht (nicht mehr in der amerikanischen Zone), Finanzstrafrecht, Verkehrsstrafrecht, Wirtschaftsstrafrecht, hier besonders Ordnungsstrafrecht.

III. Strafverfahren

1. Verfahrensgrundsätze

a) Offizialbetrieb, d. h. Strafverfolgung von Amts wegen;
Ausnahmen: Antragsdelikte, Privatklage.

b) Akkusatorische Form, d. h. Zweiparteiensystem: einerseits der Staatsanwalt als öffentlicher Ankläger, anderseits der Beschuldigte (Angeschaldigte, Angeklagte) nebst seinem notwendigen oder fakultativen Verteidiger.

c) Inquisitionsprinzip, d. h. es wird von Amts wegen die materielle Wahrheit erforscht.

d) Grundsatz der freien Beweiswürdigung durch das erkennende Gericht unter Ausschluß gesetzlicher Beweistheorien.

e) Für die Hauptverhandlung gilt Öffentlichkeit, Mündlichkeit, Unmittelbarkeit und Konzentration.

2. Gang des ordentlichen Verfahrens

a) Das Ermittlungsverfahren gegen den „Beschuldigten" führt die Staatsanwaltschaft mit Hilfe der Polizei, nötigenfalls des Richters. Sondermaßnahmen dabei sind Beschlagnahme und Durchsuchung, vorläufige Festnahme und Verhaftung, letztere nur auf Grund schriftlichen richterlichen Haftbefehls. Das Ermittlungsverfahren endet mit formloser Einstellung oder Erhebung der öffentlichen Klage, letzteres durch Antrag entweder auf Hauptverfahren (c) oder auf Voruntersuchung (b).

b) Die gerichtliche Voruntersuchung gegen den „Angeschuldigten" durch den Untersuchungsrichter ist teils obligatorisch, teils fakultativ. Nach ihrem Abschluß beantragt die Staatsanwaltschaft entweder Außerverfolgungsetzen oder vorläufige Einstellung oder Hauptverfahren. Über diesen Antrag beschließt die Strafkammer.

c) Das Hauptverfahren gegen den „Angeklagten" gipfelt in der Hauptverhandlung, deren Inhalt genau vorgeschrieben ist.
Ergebnis: Formalurteil (Einstellung) oder Sachurteil (Verurteilung oder Freisprechung). Das Strafurteil wirkt deklaratorisch bez. der Tat, konstitutiv bez. der Strafe, imperativ bez. der Vollstreckung.

d) Rechtsmittelverfahren

aa) Ordentliche Rechtsmittel sind Berufung (gegen Urteile; Nachprüfung de facto und de jure, d. h. Nachprüfung des festgestellten Sachverhaltes und des angewendeten Rechtes), Revision (gegen Urteile; Nachprüfung de jure d. h. Nachprüfung der angewendeten Rechtsvorschrift auf den als bindend festgestellten Sachverhalt), Beschwerde (gegen andere Entscheidungen).

bb) Außerordentliches Rechtsmittel ist ausnahmsweise die „Wiederaufnahme" eines durch rechtskräftiges Urteil abgeschlossenen Verfahrens.

3. Besondere Verfahrensarten

a) Eine Beteiligung des Verletzten kann stattfinden durch

aa) Privatklage (statt der öffentlichen Klage) bei Antragsdelikten, wie Beleidigung, Körperverletzung usw.,

bb) Nebenklage (neben der öffentlichen Klage) in denselben Fällen,

cc) Bußklage bei übler Nachrede, Verleumdung, Körperverletzung, unlauterem Wettbewerb.

b) Summarische Verfahren:
Sofortige Hauptverhandlung vor Amtsrichter oder Schöffengericht; amtsrichterlicher Strafbefehl; Verfahren gegen Abwesende.

c) Jugendgerichtsverfahren mit Milderungen und Vereinfachungen.

d) Militärstrafverfahren früher unter Anpassung an die Bedürfnisse der militärischen Disziplin.

IV. Strafvollzug

Grundlage: Rechtskräftiges und vollstreckbares strafgerichtliches Urteil.

1. Organe: Staatsanwaltschaft (beim Amtsgericht der Amtsrichter), Strafanstaltsbehörden;
2. Verfahren:
   a) Die Todesstrafe wird vollstreckt durch intramurane (nicht öffentliche) Enthauptung, nicht an Schwangeren und Geisteskranken, im Dritten Reich vielfach durch Erhängen.
   b) Freiheitsstrafen: Einzelvorschriften im StGB., im übrigen landesrechtliche Regelung; gemeinsame Grundsätze von 1923 (oben zu I 2b) z. B. über Unterbringung, Behandlung, Verhalten, Disziplin, Beschwerde, Beurlaubung, Entlassung usw.
   c) Geldstrafen. Vollstreckung gemäß Zivilprozeßordnung.

C. Zivilprozeß

I. Begriff und Quellen

1. Wesen

Zivilprozeß ist das rechtlich geordnete gerichtliche Verfahren zur Prüfung, Feststellung und Durchsetzung privatrechtlicher Ansprüche. Die Geltendmachung solcher Ansprüche erfolgte einstmals vielfach mittels Selbsthilfe, heute grundsätzlich mittels Staatshilfe. Diese tritt nur auf Anrufung der Behörde hin ein, wirkt dann aber obrigkeitlich. Auch die Ziviljustiz ist ein Hoheitsrecht des Staates. Doch nimmt der Staat die Stellung eines unparteiischen Dritten ein. Das Staatsinteresse besteht nicht am einzelnen Prozeß, sondern am Dasein und Wirken der ganzen Ziviljustiz. Deshalb und wegen des obrigkeitlichen Charakters ist der Zivilprozeß eine Einrichtung des öffentlichen Rechtes.

2. Gliederung

Das Zivilprozeßrecht regelt Einrichtung (Verfassung) und Wirksamkeit (Verfahren) der Zivilgerichte, Beziehungen zwischen Gericht und Parteien, sowie Beziehungen der Parteien untereinander und zu Dritten („Prozeßrechtsverhältnis"). Das gerichtliche Verfahren gliedert sich in Erkenntnis- und Vollzugsverfahren; letzteres tritt nur bei Nichterfüllung des Urteils ein. Neben der Einzelvollstreckung steht die Gesamtvollstreckung, das Konkursverfahren.

3. Regelung

Grundlegende Gesetze: Gerichtsverfassungsgesetz von 1877 in der Fassung von 1924. Zivilprozeßordnung von 1877 in der Neufassung von 1898 und 1924. Zwangsversteigerungsgesetz von 1897 in der Fassung von 1898. Konkursordnung von 1877 in der Fassung von 1898. Ergänzung: Anfechtungsgesetz von 1879 in der Fassung von 1898.

II. Gerichtsverfassung

1. Allgemeines

Die Tätigkeit der Zivilgerichte gründet sich nicht auf die Vereinbarung der Parteien (Schiedsgerichtsbarkeit), sondern auf die Autorität des Staates (Echte Gerichtsbarkeit). Die Zivilgerichte sind nicht kommunale (vereinzelte Ausnahmen), kirchliche (GVG. § 15 III) oder gar private (GVG. § 15 II), sondern staatliche Stellen (GVG. § 15 I). Sie zerfallen in ordentliche und besondere Gerichte. Unter Gericht wird einerseits die Behörde, anderseits der Spruchkörper (Kollegium oder Einzelrichter) verstanden. Die Einzelrichter bestehen stets, die Kollegien überwiegend aus Berufsrichtern; eine Ausnahme bilden besonders die Handelsrichter und die Beisitzer der Arbeitsgerichte.

2. Die ordentlichen Zivilgerichte
Gerichtsbehörden waren früher Amts-, Land-, Oberlandesgerichte und das Reichsgericht; letzteres besteht seit 1945 nicht mehr, doch sind neue zwischenzonale Obergerichte (so Köln) in der Entstehung begriffen. Gerichtskörper sind:
   a) Beim Amtsgericht: Der Amtsrichter als Einzelrichter.
   b) Beim Landgericht die Zivilkammern in der Besetzung mit drei (vorübergehend ein) Richtern als 1. oder 2. Instanz, ferner die Kammern für Handelssachen mit Zuständigkeit für gewisse „Handelssachen" in der Besetzung mit einem Berufsrichter und zwei Handelsrichtern;
   c) Beim Oberlandesgericht die Zivilsenate in der Besetzung mit drei Berufsrichtern;
   d) beim Reichsgericht bestanden gleichfalls Zivilsenate, besetzt mit fünf Berufsrichtern. Eine Besonderheit war die Entscheidung der Vereinigten Zivilsenate oder sämtlicher Senate (Plenum) zur Wahrung der Rechtseinheit.

3. Besondere Zivilgerichte waren Konsulargerichte, Prisengerichte (im Kriege), Stromgerichte (Rhein- und Elbschiffahrts-), süddeutsche Gemeindegerichte und vor allem Arbeitsgerichte. Letztere sind auch heute wieder ins Leben gerufen.
Anhang: Eine Mitwirkung der Staatsanwaltschaft bei Zivilsachen kommt für Ehe-, Entmündigungs- und Kindschaftssachen in Betracht; weitergehend bestand sie im Dritten Reich.

III. Erkenntnisverfahren

1. Parteien
Die Parteien — Kläger und Beklagter — sind die Subjekte des Prozeßrechtsverhältnisses. Ihre Stellung entsteht mit Erhebung der Klage, d. h. mit Zustellung der Klageschrift. Möglich ist eine Mehrzahl von Parteien (Streitgenossenschaft) und eine Beteiligung Dritter am Prozeß (Neben- und Hauptintervention, Streitverkündung).
   a) Parteifähigkeit ist die Fähigkeit, zu klagen und verklagt zu werden; sie entspricht der Rechtsfähigkeit, eignet daher allen natürlichen und juristischen Personen, passiv auch nichtrechtsfähigen Vereinen.
   b) Prozeßfähigkeit ist die Fähigkeit, selbst oder durch Vertreter prozeßrechtserheblich zu handeln; sie entspricht der Geschäftsfähigkeit, eignet daher jeder Person, die sich durch Verträge verpflichten kann.
   c) Verhandlungsfähigkeit besitzt, soweit Anwaltszwang besteht (vom Landgericht aufwärts), nur der beim Gericht zugelassene Anwalt, sonst jeder Prozeßfähige. Prozeßbevollmächtigter kann im „Anwaltsprozeß" nur ein beim Gericht zugelassener Rechtsanwalt (freier Beruf, jedoch gewisse Bindungen; Qualifikation und Zulassung; Anwaltskammer), im „Parteiprozeß" jeder Prozeßfähige sein.

2. Die Verfahrensgrundsätze beruhen auf den beiden Prinzipien des rechtlichen Gehörs (audiatur et altera pars [auch der andere Teil möge gehört werden]) und der rechtlichen Ordnung.

a) Verhandlungsmaxime: Die Parteien beschaffen den Prozeßstoff, ihre Anträge bestimmen Inhalt und Umfang des Gerichtsschutzes, ihre Behauptungen und Beweise die Grundlagen für die Entscheidung. Unbestrittene Behauptungen sind als wahr zu unterstellen: Prinzip der formellen Wahrheit. Jedoch besteht richterliche Fragepflicht zwecks Aufklärung.

b) Parteibetrieb besteht noch grundsätzlich, ist aber seit 1924 erheblich zurückgedrängt worden.

Parteibetrieb beläßt den Parteien die Herrschaft, wie über den Beginn, so auch über den Fortgang des Prozesses.

Amtsbetrieb durch das Gericht bestand in früheren Zeiten und besteht neuerdings wieder für das amtsgerichtliche Verfahren.

c) Besondere Grundsätze für die mündliche Verhandlung.

Mündlichkeit: Neuerdings sind Ausnahmen zugelassen, z. B. Entscheidung „nach Lage der Akten". Unmittelbarkeit der Beweisaufnahme; Ausnahme ist die Beweisaufnahme durch den vorbereitenden Einzelrichter, den „beauftragten" oder den „ersuchten" Richter. Öffentlichkeit besteht fast restlos für die Parteien (Ausnahme: Beratung und Abstimmung), grundsätzlich auch für das Publikum (Ausnahme: „Ausschluß der Öffentlichkeit").

3. D a s o r d e n t l i c h e V e r f a h r e n verläuft regelmäßig mit mündlicher Verhandlung und Urteil.

a) E r h e b u n g d e r K l a g e. Das amtsgerichtliche Verfahren wird mit dem Antrag auf „Güteverfahren" eingeleitet. Im übrigen beginnt das Verfahren mit Erhebung der Klage durch Zustellung der Klageschrift. Inhalt: Bezeichnung der Parteien und des Gerichts; Gegenstand, Grund (Klagetatsachen) und Antrag; Ladung zum richterlich zu bestimmenden Termin. Der Klageantrag kann auf Verurteilung zu einer Leistung, auf Feststellung eines Rechtsverhältnisses oder auf Gestaltung eines Rechtsverhältnisses gerichtet sein. Wirkung der Klageerhebung ist Rechtshängigkeit mit prozessualischen (z. B. grundsätzliches Verbot der Klageänderung) und materiellrechtlichen (z. B. Zinspflicht, Verjährungsunterbrechung) Folgen.

b) E i n l a s s u n g d e s B e k l a g t e n.

aa) P a s s i v e s V e r h a l t e n rechtfertigt das Versäumnisverfahren mit Versäumnisurteil; umgekehrt kann solches gegen den a sbleibenden Kläger ergehen.

bb) A k t i v e s V e r h a l t e n gegenüber der Klage:

Ohne Einlassung zur Sache bestreitet der Beklagte das Vorliegen der Prozeßvoraussetzungen. Solche „prozeßhindernden Einreden" sind z. B. die der Unzulässigkeit des Rechtsweges, der Unzuständigkeit des Gerichts, der rechtskräftig entschiedenen Sache.

Die Einlassung zur Sache kann in Abweisungsantrag oder in Anerkenntnis bestehen. Beim Antrag auf Sachabweisung können vorgebracht werden:

K l a g l e u g n u n g, d. h. Bestreiten der tatsächlichen Behauptungen des Klägers;

E i n r e d e n i. w. S. (BGB.: „Einwendungen"), d. i. Verneinung der Wirksamkeit der vom Kläger behaupteten Tatsachen; in Betracht kommen Einredetatsachen (z. B. Zahlung, Erlaß, Ausfall der Bedingung, Ablauf der Frist) oder Einrederechte (Einreden i. S. des bürgerlichen Rechts) wie z. B. Verjährung, Zurückbehaltung, Wandlung, Minderung. Rechtliche Gegenausführungen unter Zugeben der Klagetatsachen.

Beim Anerkenntnis der Begründetheit des Anspruches des Klägers (Gegenstand eines solchen „Anerkenntnisses" seitens des Beklagten sind die Rechtsfolgen, nicht die Tatsachen) kann der Kläger den Erlaß eines „Anerkenntnisurteils" beantragen.

c) Die richterlichen Handlungen bestehen in der Prozeßleitung, in der Entgegennahme der Prozeßhandlungen der Parteien (Tatsachenbehauptungen, Angriffs- und Verteidigungsmittel, Anträge) sowie der Beweisanträge der Parteien (Beweislastproblem; Beweismittel: Augenschein, Zeugen, Sachverständige, Urkunden, Eid; Beweisanordnung mittels Beweisbeschlusses (früher „bedingten" Urteils), schließlich in der Entscheidung durch Urteil. Man unterscheidet einerseits Versäumnis-, Anerkenntnis-, je nach der Klage Ganz- (Ganzerledigung) oder Teil- (Teilerledigung), End- oder Zwischen- (über Einzelfrage) Urteil; anderseits je nach dem Klagebegehren Leistungs-, Feststellungs-, Gestaltungsurteil. Ein Urteil besteht inhaltlich aus der Formel (Tenor), dem „Tatbestand" und den Entscheidungsgründen. Ein Urteil erlangt formelle Rechtskraft (kein Rechtsmittel mehr zulässig) und materielle Rechtskraft (maßgebliche Feststellung des Rechtsverhältnisses).

d) Die Rechtsmittel.
   aa) Ordentliche Rechtsmittel sind Berufung (nicht bei kleinen Beträgen), Revision (nur bei größeren Beträgen), Beschwerde; diese Begriffe wie im Strafprozeß.
   bb) Außerordentliches Rechtsmittel ist die Wiederaufnahme eines rechtskräftig abgeschlossenen Verfahrens mittels Nichtigkeits- oder Restitutionsklage.

4. Besondere Verfahrensarten
   a) Der Vermeidung des ordentlichen Verfahrens dient das schiedsgerichtliche Verfahren auf Grund privaten Schiedsvertrags durch Schiedsrichter mittels Schiedsspruches.
   b) Der beschleunigten summarischen Erledigung eines Rechtsstreits dienen Urkunden- und Wechselprozeß sowie Mahnverfahren: Zahlungsbefehl, dagegen Widerspruch; sonst Vollstreckungsbefehl, dagegen Einspruch.
   c) Der sofortigen Sicherung gefährdeter Ansprüche dienen Arrest und einstweilige Verfügung.
   d) Gegenständlich besondere Verfahrensarten sind Ehe-, Kindschafts- und Entmündigungssachen, ferner Aufgebotsverfahren zwecks Todeserklärung, zwecks Ausschlusses von Rechten, zwecks Kraftloserklärung von Urkunden.

IV. Vollstreckung

Zwangsvollstreckung ist das auf Betreiben eines Gläubigers gegen seinen Schuldner mit staatlicher Hilfe durchgeführte Zwangsverfahren zur Befriedigung eines Anspruches oder zur Duldung einer Handlung.

1. Voraussetzungen sind materiell der Vollstreckungstitel — z. B. rechtskräftiges Leistungsurteil, Vollstreckungsbefehl im Mahnverfahren, vollstreckbare Urkunde —, formell die Vollstreckungsklausel (vollstreckbare Ausfertigung des Titels).

2. Zwangsvollstreckung wegen Geldforderungen
   a) In das bewegliche Vermögen: Pfändung von Mobilien durch den Gerichtsvollzieher; Pfändung von Rechten durch gerichtlichen Pfändungs- und Überweisungsbeschluß.
   b) In das unbewegliche Vermögen: durch das Amtsgericht mittels Zwangsversteigerung (Eigentumsentziehung) oder Zwangsverwaltung (Befriedigung aus den Erträgnissen) oder Zwangseintragung (einer Sicherungshypothek).
3. Zwangsvollstreckung zwecks anderer Leistungen.
   Vollzug bei bestimmten oder vertretbaren Sachen durch Wegnahme und Übereignung, in anderen Fällen durch Ersatzvornahme, Beugezwang, direkten Zwang.
4. Hilfsmittel der Zwangsvollstreckung sind richterlich auferlegter Offenbarungseid und richterlich angeordnete Zivilhaft.
5. Rechtsbehelfe gegenüber der Zwangsvollstreckung.
   a) Für den Schuldner: Vollstreckungsgegenklage gegen den zu vollstreckenden Anspruch, Erinnerung gegen die Vollstreckungsklausel (vgl. § 732 ZPO.), Erinnerung und gegebenenfalls sofortige Beschwerde gegen die Durchführung der Vollstreckung (vgl. §§ 766 und 793 ZPO.).
   b) Für Dritte: Erinnerung gegen ordnungswidriges Verfahren, Widerspruchsklage (Exekutionsintervention) gegen Eingriff in Rechte Dritter. Anspruch eines Pfandgläubigers auf vorzugsweise Befriedigung aus dem Pfanderlös.

V. Konkurs

Beim Konkursrecht mischt sich Verfahrensrecht mit materiellem Recht.

1. Begriff.
   Konkurs ist das gesetzlich geordnete gerichtliche Verfahren zur gleichmäßigen anteiligen Befriedigung einer Mehrheit von Gläubigern eines zahlungsunfähigen oder überschuldeten (Gemein-)Schuldners. Es dient hauptsächlich dem Schutz der Gläubiger vor ungleicher Behandlung (par conditio creditorum [gleiche Bedingungen für alle Gläubiger]). Das Konkursverfahren ist ein solches der streitigen, nicht der freiwilligen Gerichtsbarkeit.
2. Organe
   a) Konkursgericht ist das Amtsgericht; es überwacht die Gesetz- und Ordnungsmäßigkeit des Verfahrens;
   b) der Konkursverwalter, meist ein Rechtsanwalt oder Kaufmann, wird vom Konkursgericht zur Abwicklung des Verfahrens bestellt;
   c) die (obligatorische) Gläubigerversammlung nimmt die gemeinschaftlichen Gläubigerinteressen war;
   d) der (fakultative) Gläubigerausschuß unterstützt und überwacht den Verwalter.
3. Konkursmasse
   a) Die Aktivmasse umfaßt das gesamte pfändbare Vermögen, das dem Gemeinschuldner zur Zeit der Konkurseröffnung gehört. Es vermindert sich 1. durch Aussonderung fremden Eigentums, 2. durch abgesonderte Befriedigung der Pfand- und ähnlich bevorzugten Gläubiger aus den ihnen haftenden Gegenständen, 3. durch Aufrechnung, 4. durch Masseverbindlichkeiten. Es vermehrt sich durch erfolgreiche Konkursanfechtung seitens des Verwalters.

Anhangsweise sei hier auf die Möglichkeit der Anfechtung von Rechtshandlungen eines Schuldners außerhalb eines Konkursverfahrens gemäß dem sogenannten „Anfechtungsgesetz“ hingewiesen.

b) Die Passivmasse bilden die Konkursforderungen, d. h. die klagbaren obligatorischen Ansprüche der Gläubiger auf vermögenswerte Gegenstände, insbesondere wiederkehrende Leistungen. Es gibt fünf Klassen von aus sozialen oder fiskalischen Gründen bevorrechtigten Konkursforderungen; im übrigen werden die Forderungen anteilsweise und gleichmäßig aus der Masse befriedigt.

4. Konkursverfahren

a) Eröffnungsbeschluß des Konkursgerichts. Voraussetzung: Zahlungsunfähigkeit oder Überschuldung. Wirkung: Die Verwaltung und Verfügung sowie die Abwicklung schwebender Verträge und Prozesse übernimmt der Konkursverwalter.

b) Durchführung des Verfahrens durch Liquidation der Aktivmasse, Feststellung der Forderungen, Verteilung der Masse unter die Gläubiger.

c) Beendigung des Verfahrens entweder durch „Einstellung“ mangels Masse oder durch „Aufhebung“ nach Durchführung des Verfahrens oder zufolge „Zwangsvergleichs“ — welcher unter Vermeidung der Liquidation dem Gemeinschuldner gewisse Vergünstigungen, den Gläubigern gewisse Vorteile bietet.

Anhang: Vergleichsverfahren. Der Erhaltung der wirtschaftlichen Existenz des Schuldners, die durch den Konkurs zerstört würde, dient seit 1916 ein besonderes Verfahren, das seit der Vergleichsordnung von 1927 (später 1935) als Vergleichsverfahren bezeichnet wird. Es tritt in gewissen Fällen an die Stelle des Konkursverfahrens. Unter den im Gesetz bestimmten Voraussetzungen findet eine Überleitung des Vergleichs- in das Konkursverfahren statt.

D. Freiwillige Gerichtsbarkeit

I. Begriff

„Freiwillige Gerichtsbarkeit“ (Gegensatz: streitige Gerichtsbarkeit) ist die Übersetzung von iurisdictio voluntaria (Gegensatz: litigiosa). Dieser Ausdruck und Gegensatz ist aber irreführend.

1. Unwesentliche Unterschiede zwischen streitiger und freiwilliger Gerichtsbarkeit:

a) Der Gegensatz Streit und Nichtstreit spielt allerdings eine erhebliche, aber keine ausschlaggebende Rolle; denn es gibt auch im Prozeßrecht unstreitige Vorgänge (z. B. Versäumnis, Anerkenntnis, Geständnis), auch in der „freiwilligen Gerichtsbarkeit“ Streit und Zwang (z. B. gerichtliche Anordnungen, Beschwerde dagegen), allerdings betreffen Streit und Zwang hier das Verhältnis der Bürger (Parteien) untereinander.

b) Auch der Unterschied des Zwecks — beim Prozeß die Aufrechterhaltung des Rechts und der Rechte, bei der freiwilligen Gerichtsbarkeit die Gestaltung und Sicherung von Rechten — ist sehr beachtlich, aber nicht restlos ausschlaggebend. Das letztere Merkmal paßt z. B. für Vormundschaftssachen nur teilweise.

2. Der wesentliche Unterschied zwischen streitiger und freiwilliger Gerichtsbarkeit besteht darin, daß jene der Rechtspflege durch hoheitliche Feststellung und Durchsetzung, letztere der Sicherstellung und Überwachung einer dauernden Verwaltung in Rechtssachen dient. Freiwillige Gerichtsbarkeit ist formell Justiz, allerdings zwangloser, bewegungsfreier, fürsorglicher,

volkstümlicher als die streitige Justiz, materiell dagegen Verwaltung, allerdings im Gegensatz zur sonstigen Verwaltung eine solche, die mit den einer Verwaltungstätigkeit bedürftigen Rechtsangelegenheiten zusammenhängt.

II. Gegenstände

1. Urkundswesen.
   Beurkundung von Rechtsgeschäften, Beglaubigung von Unterschriften. Behörden: Gerichte und Notare. Vgl. BGB., HGB., GrundbuchO.
2. Personenstandwesen.
   Geburts-, Heirats- und Sterberegister. Behörde: Der Standesbeamte. Vgl. RPersStandsG. von 1937.
3. Registerwesen im übrigen.
   Handels-, Genossenschafts-, Vereins-, Güterrechts-, Schiffs-, Geschmacksmusterregister, Gebrauchsmusterrolle, Patentrolle. Vgl. FreiwGerG., BGB., HGB., GenossenschaftsG. usw.
4. Grundbuchwesen.
   Grundbuchämter, in Norddeutschland die Amtsgerichte. Einrichtung des Grundbuchs. Eintragungen. Antragsprinzip. Formvorschriften. Öffentlicher Glaube. Charakteristisch sind peinliche Gründlichkeit und strenge richterliche Haftung. Vgl. GBO. und BGB. Buch III.
5. Vormundschaftswesen.
   Es umfaßt i. e. S. die reinen Vormundschafts- und Pflegschaftssachen, i. w. S. auch andere familienrechtliche Angelegenheiten wie Ehesachen, Elternsachen, Adoption, Fürsorgeerziehung, religiöse Kindererziehung. Vgl. FreiwGerG. und BGB. Buch IV.
6. Nachlaßwesen.
   Mitwirkung des AG. bei Ausschlagung der Erbschaft, bei Errichtung, Eröffnung und Vollstreckung von letztwill. Verf., Nachlaßfürsorge, Nachlaßverwaltung, Erbscheinerteilung, Inventarerrichtung, Erbenauseinandersetzung. Vgl. Freiw.GerG. und BGB. Buch V.

III. Verfahren

1. Behörden sind vor allem die ordentlichen Gerichte und die Notare — beide Stellen vielfach, so im bisherigen Preußen, wahlweise zuständig, ferner Standesbeamte, Postbeamte, Konsuln.
2. Verfahren. Offizialprinzip und Amtsbetrieb; keine obligatorische mündliche Verhandlung. Die Entscheidungen sind formfrei, bedürfen aber der Bekanntgabe; sie sind mit Beschwerde anfechtbar.

11. Kapitel

Ständerecht

Der Ausdruck „Stände" ist mehrdeutig. Vor allem besteht ein wesentlicher Unterschied zwischen den Geburtsständen des ausgehenden Mittelalters — vgl. abschließend noch Preuß. ALR. Teil II, Titel 7 (Vom Bauerstande), Titel 8 (Vom Bürgerstande), Titel 9 (Von den Pflichten und Rechten des Adelstandes) — und den Berufsständen der neueren und neuesten Zeit. Die berufsständische Gliederung der Bürgerschaft kann für das Verfassungsrecht grundlegend sein; Vgl. die berufsständisch gebildeten Zweiten Kammern und den Stato corporativo des faschistischen Regimes in Italien. Die berufsständische Gliederung ist auch verwaltungsrechtlich für die Gestaltung der berufsständischen Selbstverwaltung, namentlich der wirtschaftlich-sozialen Eigenverwaltung, wichtig. Darüber hinaus hat sich in der Rechtsordnung der Gegenwart für gewisse Berufsstände ein ziemlich geschlossenes Sonderrecht ausgebildet, das eine Mischung aus öffentlichem und privatem Recht darstellt, ja als jenseits dieser Unterscheidung stehend bezeichnet werden kann. Dahin gehören vor allem die Rechtsverhältnisse der Bauern, der Arbeiter, der Unternehmer. In gewissem Sinne kann neben dem Recht der privatrechtlichen Arbeitnehmer auch das Recht der öffentlich-rechtlichen Angestellten und vor allem der Beamten als ein solches Standesrecht, natürlich öffentlich-rechtlicher Natur, angesprochen werden.

A. Beamtenrecht

I. Berufsbeamtentum

Einrichtung und Grundsatz des Berufsbeamtentums sind Errungenschaften der Neuzeit. Der vormalige Fürstendiener wurde im 18. Jahrhundert zum Staatsdiener mit Rechtsgrundlage, Rechtsstellung, persönlichen Rechten. Dieses Rechtsverhältnis wurde Dauerverhältnis und Lebensberuf. So entstand eine Grundeinrichtung der Staats- und später auch der Selbstverwaltung. Das Institut wurde durch den Sturz der Monarchie vorübergehend gefährdet, vollends aber unter dem nazistischen Regime — angeblich „wiederhergestellt“, in Wirklichkeit aber — schwer erschüttert. Nach dem Zusammenbruch 1945 sind dem Berufsbeamtentum aus dem Überhandnehmen des arbeitsrechtlichen Angestelltenprinzips neue Gefahren erwachsen. Der Landesgesetzgebung wird es obliegen, die altbewährte Einrichtung zu erhalten. Vorerst gilt noch das deutsche Beamtengesetz von 1937 mit seinen vorwiegend politisch neutralen Vorschriften weiter.

II. Beamtenbegriff

Beamter ist, wer zu einem öffentlich-rechtlichen Verbande in einem öffentlich-rechtlichen Dienstverhältnis steht und kraft dieses Rechtsverhältnisses öffentliche Aufgaben mit öffentlichen Befugnissen auszuüben verpflichtet und berechtigt ist. Nur öffentliche Verbände können Beamte einstellen. Doch sind nicht alle öffentlichen Körperschaften dazu befähigt, nicht z. B. Sparkassen, Krankenkassen. Umgekehrt können beamtenfähige öffentliche Verbände statt Beamten auch Angestellte verwenden.

Man unterscheidet unmittelbare und mittelbare Beamte, Verwaltungs- und Justizbeamte, richterliche und nichtrichterliche Beamte, Dauer- und Zeitbeamte, Berufs- und Ehrenbeamte.

III. Beginn und Ende des Beamtenverhältnisses

1. Begründet wird das Dienstverhältnis des Beamten entweder durch Ernennung oder durch Wahl mit Bestätigung. Die Ernennung ist kein öffentlich-rechtlicher Vertrag, sondern ein einseitiger Staatshoheitsakt. Sie ist bedingt durch eine Urkunde, darin die Worte „unter Berufung in das Beamtenverhältnis“ obligatorisch sind. An die Ernennung schließt sich die Amtsübertragung. Mit dem Beamtenverhältnis verbindet sich das Amtsverhältnis. Die Ernennung setzt persönliche Eignung, vorgeschriebene oder übliche Vorbildung und vorgängige Ausbildung voraus.

2. Verändert wird das Dienstverhältnis durch Wechsel im Amtsverhältnis oder durch Aufhören desselben. Beendet wird das Dienstverhältnis bei schweren kriminellen Bestrafungen, durch Disziplinarerkenntnis, durch Dienstunfähigkeit oder durch Erreichung der Altersgrenze.

IV. Pflichten und Pflichtverletzung

1. Beamtenpflichten.
   Grundlage und Grundpflicht ist die Treue. Kernpflichten der Berufs- wie der Ehrenbeamten sind nächst der Treupflicht die Gehorsamspflicht, Dienstleistungspflicht, Amtsverschwiegenheit sowie berufswürdiges Verhalten. Dazu treten Einzelpflichten (Residenzpflicht, Arbeitszeit, Dienststunden) und Sonderbeschränkungen (Genehmigung von Nebenämtern und Nebenerwerb).
2. Folgen der Pflichtverletzung.
   Dienstvergehen werden disziplinarisch geahndet. In leichteren Fällen kann der Vorgesetzte Warnung, Verweis und Geldbuße verhängen. In schwereren Fällen wird das förmliche Dienststrafverfahren vor den Dienststrafkammern eingeleitet, deren Erkenntnis auf Kürzung der Bezüge, Strafversetzung und Strafabsetzung lauten kann. Das Dienststrafrecht ist ein Teil des Beamtenrechts, nicht des gemeinen Strafrechts. Privatrechtliche Folge der Pflichtverletzung ist die Erstattungshaftung des Beamten gegenüber dem Dienstherrn und die Amtshaftung des dienstherrlichen Verbandes an Stelle des Beamten gegenüber dem geschädigten Dritten. Verwirklicht das Dienstvergehen einen kriminellen Straftatbestand, so findet strafrechtliche Verfolgung statt, bei welcher zwischen echten und unechten Beamtendelikten zu unterscheiden ist; doch liegt diese Strafverfolgung außerhalb des Beamtenrechts.

V. Rechte und Rechtsverfolgung

Der Beamte übt nach außen hin „Funktionen" aus, hat aber seinem Dienstherrn gegenüber Rechtsansprüche, denen Rechtsverpflichtungen des Dienstherrn entsprechen.

1. Die materiellen Rechte des Beamten sind Schutz- und Fürsorgerecht, Ehrenrechte, Vermögensrechte; letztere sind auf Dienstbezüge, Versorgungsbezüge, Unfallfürsorge gerichtet.
2. Die formelle Geltendmachung der Rechte erfolgt bei den vermögensrechtlichen Ansprüchen noch vor dem ordentlichen Zivilgericht, bei den übrigen Ansprüchen auf dem Dienstwege im Verwaltungsverfahren.

VI. Behördenangestellte

Für die hoheitlich bestellten Beamten ist das Beamtenrecht, für die vertraglich angenommenen Behördenangestellten ein besonderes Arbeitsrecht als „öffentliches Dienstrecht" maßgebend. Die Tätigkeit der Behördenangestellten erstreckt sich hauptsächlich auf wirtschaftliche und soziale Gebiete, kann aber auch hoheitliche Maßnahmen umfassen.

B. Bauernrecht

Dieses Rechtsgebiet hat sich in der neueren Zeit, besonders im völkischen Führerstaat unter dem Einfluß seines Rechtsdenkens in sog. „Konkreten Ordnungen", zu einer selbständigen Rechtsdisziplin entwickelt. Ob diese Selbständigkeit heute nach Aufhebung der nazistischen Bauerngesetzgebung noch fortbesteht, ist zweifelhaft; die Entscheidung wird von der noch nicht abgeschlossenen Neuregelung abhängen.

I. Bauernbefreiung

Die Rechtsverhältnisse des deutschen Bauerntums haben eine lange geschichtliche Entwicklung zu verzeichnen. Im ausgehenden Mittelalter hatte diese zu persönlicher und dinglicher Abhängigkeit der Bauern, d. h. der Landbewohner, von der Gutsherrschaft geführt. Leibeigenschaft und Schollenbindung waren zu Rechtseinrichtungen geworden. Die erstarkende Staatsgewalt bemühte sich, der Bauernschaft ohne grundsätzliche Änderung ihrer Rechtslage wenigstens einen gewissen Schutz zur Erhaltunng ihrer Existenz zu gewähren. Aber erst die im Aufklärungszeitalter durchgreifende Bewegung der Bauernbefreiung gab der ländlichen Bevölkerung die persönliche Freiheit und das freie Verfügungsrecht über ihren Grund und Boden. Marksteine dieser Entwicklung waren in Preußen im Rahmen der Stein-Hardenberg'schen Verwaltungsform die das Bauerntum befreienden Edikte 1807/1811. Das Stein'sche Freiheitsedikt von 1807 über den erleichterten Besitz und freien Gebrauch des Grundeigentums sowie die persönlichen Verhältnisse der Landbewohner beseitigte die bäuerliche Untertänigkeit. Das Hardenberg'sche Edikt von 1811 über die Regulierung der gutsherrlichen und bäuerlichen Verhältnisse schuf die Grundlage zur Lösung auch des wirtschaftlich-dinglichen Bandes zwischen Bauern und Grundherren; es begründete die Möglichkeit, im Wege des sog. Auseinandersetzungsverfahrens freies Bauernland zu schaffen, dabei auch die darauf ruhenden Dienste und Lasten abzulösen. Die diesen Plan vollziehende, vielfach rückläufig gehemmte Durchführung erfüllte das 19. Jahrhundert.

II. Erbhöfe und Reichsnährstand

Das Regime des Dritten Reiches bemühte sich mit besonderem Nachdruck um die Erhaltung des Bauerntums, den Schutz der Bauernhöfe und die Verteilung der landwirtschaftlichen Besitztümer.

1. „Bauer" war im Gegensatz zum Landwirt jetzt nur noch der Erbhofeigentümer, welcher die an bestimmte Voraussetzungen gebundene Bauernfähigkeit besitzen mußte. Der gleichfalls durch genaue gesetzliche Voraussetzungen bedingte, in die Erbhofrolle einzutragende Erbhof bildete ein Sondervermögen, das der freien Verfügung des Bauern entzogen und dem „Anerben" für die Sippe zu erhalten war.
2. Der ganze Bauernstand empfing eine umfassende Organisation durch Schaffung eines großen Selbstverwaltungskörpers des öffentlichen Rechts in Gestalt des Reichsnährstandes. An der Spitze dieses berufsständischen Verbandes, welcher mit Zwangsmitgliedschaft sowie Befehls- und Zwangsgewalt ausgestattet war, stand der Reichsbauernführer unter dem Reichslandwirtschaftsminister als der staatlichen Aufsichtsbehörde; die nachgeordnete Führung lag in der Hand der Landes-, Kreis- und Ortsbauernführer.

   Bäuerliche Sondergerichte der freiwilligen und streitigen Gerichtsbarkeit waren die Anerbengerichte, die Erbhofgerichte, das Reichserbhofgericht.

III. Gegenwärtige Rechtslage

Nach dem Zusammenbruch 1945 konnte die im vorigen dargestellte, ausgesprochen nationalsozialistische Rechtsgestaltung nicht aufrechterhalten bleiben. Ihre Beseitigung erfolgte im Jahre 1947 durch das Kontrollratsgesetz

Nr. 45, welches die Erbhofgesetzgebung außer Kraft setzte. Fortgefallen ist aber nur die nazistische Sonderregelung des deutschen Bauernrechts und das System der durch jene Regelung geschaffenen Bindungen und Beschränkungen. Nach wie vor sorgt der Staat für Schutz und Förderung dieses wichtigen Berufsstandes. Nur werden zu diesem Zweck in Anknüpfung an die vor 1933 bestehende Rechtslage teilweise neue Wege beschritten. Eine besonders wichtige Maßnahme ist die Aufteilung des Großgrundbesitzes in nach Ländern und Zonen verschiedenem Ausmaße und die damit erstrebte Verbesserung des ländlichen Siedlungswesens. Auch die Neugestaltung der bäuerlichen Standesorganisation und die Schaffung bäuerlicher Berufsvertretungen ist nach neuestens vollzogener Auflösung des „Reichsnährstandes" im Anschluß an die älteren Grundsätze wieder im Gange.

C. Arbeitsrecht

Auch dieses Rechtsgebiet ist seit dem deutschen Wiederaufbau nach dem Zusammenbruch 1945 in grundsätzlicher Erneuerung begriffen. Auch hier galt es, die Spuren des nazistischen Regimes zu beseitigen und die freie Rechtslage der Arbeitnehmer und vor allem ihrer Verbände (Gewerkschaften) wiederherzustellen. Auch hier kann weitgehend an die Rechtsgestaltung aus der Zeit der Weimarer Republik angeknüpft werden. Deshalb — und wegen des derzeitigen Übergangszustandes — erscheint es gerechtfertigt, im folgenden die Rechtsverhältnisse von damals zugrunde zu legen.

I. Begriff und Regelung

1. Entwicklung
   Da das BGB. keine wirtschaftlich abhängigen Arbeitnehmer als solche kennt, vielmehr auf wirtschaftlich freie Personen und auf den Grundsatz der Vertragsfreiheit eingestellt ist, konnte es den besonderen Belangen der neuzeitlichen gewerblichen Arbeitnehmer nicht gerecht werden. So entwickelten sich für den Berufsstand der Arbeitnehmer schon zu Ende des 19. und mehr noch zu Beginn des 20. Jahrhunderts in steigendem Maße Spezialbestimmungen. Diese Entwicklung nahm besonders nach dem ersten Weltkriege einen immer rascheren Verlauf. Es entstand für die Rechtsverhältnisse der abhängige Arbeit leistenden Menschen ein geschlossenes Sonderrecht, eine selbständige Rechtsdisziplin.
2. Gegenstand
   Das Arbeitsrecht behandelt die Rechtsstellung der in „abhängiger Arbeit" stehenden Arbeitnehmer in der Gesamtheit der aus dem Arbeitsverhältnis entspringenden Beziehungen, besonders im Verhältnis des Arbeitnehmers zum Arbeitgeber (Arbeitsvertrag), zu den Mitarbeitern (Arbeitsverfassung), sowie zum Staat (Schutz und Versicherung). Das Arbeitsrecht erwuchs und besteht aus privatrechtlichen und öffentlich-rechtlichen Elementen; beide sind aber dergestalt miteinander verwoben und ineinander verwachsen, daß das Arbeitsrecht im ganzen einen einheitlichen, und zwar öffentlichrechtlichen Charakter trägt.
3. Regelung
   Die arbeitsrechtlichen Vorschriften werden teils obrigkeitlich, teils autonom gebildet.
   a) Obrigkeitlich regelt der Staat in den üblichen Formen von Gesetz und Verordnung die grundlegenden arbeitsrechtlichen Einrichtungen. Ein

einheitliches Arbeitsgesetzbuch, wie es schon die Weimarer Reichsverfassung in Art. 157 vorsah, steht immer noch aus. Nach wie vor gilt eine kaum übersehbare und unerfreulich wechselnde Fülle einzelner, stark dezentralisierter Bestimmungen.

b) Autonom wird das Arbeitsrecht durch Gesamtvereinbarungen der beiderseits beteiligten Verbände geordnet.

aa) Durch die „Tarifverträge" wird autonomes Berufsrecht geschaffen. Tarifverträge sind kollektive Arbeitsverträge, welche die Bedingungen für den Abschluß der Einzelarbeitsverträge rechtssatzmäßig festlegen. Die Vorschriften der Tarifverträge haben insoweit unabdingbare, normative Wirkung.

bb) Durch die „Betriebsvereinbarungen" (z. B. Arbeitsordnungen) wird autonomes Betriebsrecht für den Einzelbetrieb gebildet.

II. Rechtsinhalt

1. Grundlagen

a) Die Arbeitnehmer einer Gruppe unterstehen dem Arbeitsrecht dieser Gruppe. Arbeitnehmer ist, wer vertraglich, berufsmäßig, aber für fremde Rechnung und entgeltlich unselbständige Arbeit verrichtet. Man unterscheidet Arbeiter, Angestellte und leitende Angestellte; Lehrlinge bilden eine Sondergruppe.

b) Die arbeitsrechtlichen Behörden sind solche des Staates (z. B. Arbeitsminister, Arbeitsämter), der Gemeinden und Gemeindeverbände (z. B. Versicherungsamt) oder der wirtschaftlich-sozialen Selbstverwaltung (z. B. Vorstand der Ortskrankenkasse).

c) Der arbeitsrechtliche Rechtsschutz wird bei Rechtsstreitigkeiten durch die besonderen Arbeitsgerichte, bei anderen Streitigkeiten durch Schlichtung geboten.

2. Arbeitsvertragsrecht.

Der Arbeitsvertrag ist ein gegenseitiger schuldrechtlicher Vertrag, der zwischen dem Mitglied einer arbeitsrechtlichen Berufsgruppe und einem Arbeitgeber über die entgeltliche Leistung unselbständiger Arbeit abgeschlossen wird.

Seiner Vorbereitung dienen besondere Einrichtungen zur Beschaffung, Vermittlung, Verteilung, Erhaltung, Vermehrung von Arbeit. Der Vertrag begründet für den Arbeitnehmer die Dienst-, Treu- und Haftpflicht, für den Arbeitgeber die Lohnzahlungs-, Urlaubserteilungs-, Fürsorge- und Versicherungspflicht. Er endet mit Zeitablauf oder durch Kündigung.

3. Arbeitsverbandsrecht

Man unterscheidet Berufs-, Betriebs- und gemeinsame Organisitionen. Berufsorganisationen sind wirtschaftliche Vereinigungen von Arbeitgebern oder Arbeitnehmern zur Einflußnahme auf die Gestaltung des Arbeitsverhältnisses. Die wichtigste Betriebsorganisation ist der Betriebsrat bzw. Betriebsobmann, welcher die Belegschaft zu vertreten hat. Seine Aufgaben und Befugnisse werden gegenwärtig gesetzlich neu geregelt. Als gemeinsame Organisationen kommen Arbeitskammern und Wirtschaftsräte in Betracht.

4. Arbeiterschutzrecht

Es gibt staatlichen Schutz durch die Arbeitsaufsicht und autonomen Schutz durch die Berufsgenossenschaften der Unternehmer. Nach dem Gegenstand unterscheidet man Betriebsschutz bez. der Betriebsmittel, Zeitschutz bez. der täglichen oder wöchentlichen Arbeitszeit, Vertragsschutz bez. Abschluß, Inhalt und Erfüllung des Vertrages, insbesondere Kündigungsschutz durch Behörden und Gerichte. Sonderschutz gilt Jugendlichen und Frauen.

5. Sozialversicherung
   a) Die öffentliche Sozialversicherung dient der Vorsorge für den Fall des Nichtverdienens bei Arbeitern und Angestellten. Sie ist im modernen Staat eine grundsätzlich obligatorische Einrichtung. Die Bezüge der Sozialversicherung stehen dem Arbeitnehmer bei Arbeitsunfähigkeit zu. Die Organisation ist entweder eine bezirkliche oder eine berufsgenossenschaftliche. Behörden sind die Versicherungsämter und die Oberversicherungsämter; dazu traten bisher das Reichsversicherungsamt, die Reichsversicherungsanstalt für Angestellte, noch früher die Reichsanstalt für Arbeitsvermittlung und Arbeitslosenversicherung.
   b) Die einzelnen Versicherungszweige gliedern sich wie folgt. Bei der Arbeiterversicherung unterscheidet man die Krankenversicherung (Träger: Ortskrankenkassen usw.), die Unfallversicherung gegen Betriebsunfälle (Träger: Berufsgenossenschaften), die Invaliden- und Hinterbliebenenversicherung (Träger: Versicherungsanstalten). Die Angestelltenversicherung ist eine besondere Invaliden- und Hinterbliebenenversicherung der Angestellten. Dazu tritt die Knappschaftsversicherung der bergmännischen Arbeitnehmer. Bei Arbeitslosigkeit greift entweder Fürsorge oder Versicherung ein.

      Die wichtigsten Rechtsquellen sind heute noch die Reichsversicherungsordnung 1911, das Angestelltenversicherungsgesetz 1911, das Reichsknappschaftsgesetz 1923, das Arbeitslosenversicherungsgesetz 1927, alle mit zahlreichen Novellen aus der Zeit der Republik und des Dritten Reiches.

   Die gegenwärtigen Reformarbeiten auf dem Gebiete der Sozialversicherung sind noch nicht abgeschlossen; dabei spielt die Frage der Einheitsversicherung besonders in der Ostzone eine große Rolle.

III. Methode

1. Die richtige Erkenntnis des Arbeitsrechts ist durch sorgsame Mitberücksichtigung des wirtschafts- und sozialpolitischen Hintergrundes, der hier wirkenden wirtschaftlichen und sozialen Kräfte, der dem Arbeitnehmerstande eigentümlichen wirtschaftlichen und sozialen Lebens- und Berufsverhältnisse sowie der grundlegenden Ideen der freien Persönlichkeit und der sozialen Gemeinschaft bedingt. Arbeitsrecht ist in höchstem Maß Sozialrecht und nur als solches restlos erfaßbar und richtig darstellbar.
2. Besondere Schwierigkeiten erwachsen aus der Unfertigkeit und Zersplitterung des arbeitsrechtlichen Stoffes; sie können nur durch Konzentration auf die leitenden Grundgedanken und durch Herausarbeitung der Grundeinrichtungen überwunden werden, bieten anderseits dem Forscher und Lehrer besondere, eigenartige Reize. „Hier ist noch unbebautes Land, hier ist noch Jugend und Sturmwind" (Hugo Sinzheimer).

D. Wirtschaftsrecht

Zu Anfang des Jahrhunderts wurde es üblich, die wirtschaftlich bedeutsamen Probleme der verschiedenen Rechtsgebiete unter besonderer Berücksichtigung der wirtschaftlichen Interessenlage zu betrachten. Hieraus ergab sich allmählich ein Zusammenschluß, den man entweder quantitativ als besonderes Rechtsgebiet oder qualitativ als besondere Rechtsmethode auffassen konnte. Welche Betrachtung die richtige sei, ist immer noch nicht abschließend geklärt. Gleichwohl dürfte schon die wirtschaftliche Orientierung der in Betracht kommenden Einzelfragen es rechtfertigen, hier von einem Sondergebiet, von einem Standesrecht zu sprechen.

I. Begriff und Regelung

1. Wirtschaftsrecht ist das Sonderrecht des Wirtschaftsstandes. Es dürfte aber zu eng sein, darunter nur den Unternehmerstand zu begreifen; gewiß spielt er im Wirtschaftsrecht die Hauptrolle, weshalb auch während des Dritten Reichs die Vorlesung über Wirtschaftsrecht mit dem Schlagwort „Unternehmer" bezeichnet wurde. Doch behandelt das heutige Wirtschaftsrecht die besondere wirtschaftliche Rechtslage nicht etwa einer persönlich bestimmten Gruppe, sondern eines sachlich bestimmten Bereiches. Gleichwohl dürfte, da die Einzelfragen ihren heimischen Rechtsgebieten nicht entrissen werden, das Wirtschaftsrecht keinen von diesen übrigen Rechtsgebieten gegenständlich getrennten Rechtszweig, sondern eine durch die besondere wirtschaftliche Methodik gekennzeichnete Materie darstellen. So geht auch das grundlegende Buch von J. W. Hedemann über Deutsches Wirtschaftsrecht (Berlin 1939) bei der Abgrenzung des Stoffes aus „von den Lebenskräften, die auf allen Gebieten wirtschaftlicher Betätigung am Werke sind, bei den Kaufleuten ebensogut wie bei den Handwerkern, bei den Landwirten ebensogut wie bei den Fabrikbesitzern, bei den kleinen Einzelbetrieben ebensogut wie bei den großen mächtigen Konzernen".
2. Die Regelung des Wirtschaftsrechts ist in einer kaum übersehbaren Fülle von Gesetzen, Verordnungen, Satzungen und weiteren Bestimmungen niedergelegt. Diese Menge einschlägiger Vorschriften ist nicht erst während des Dritten Reiches, sondern vollends seit dem Zusammenbruch noch in ständiger Zunahme begriffen. Eine übersichtliche Orientierung ist bei dieser beispiellosen Zersplitterung schlechterdings nicht mehr möglich. Es besteht auch kaum die Aussicht, daß hier in absehbarer Zeit zusammenfassende Regelungen erfolgen, geschweige denn ein einheitliches Gesetzbuch zur Entstehung gelangt.

II. Gegenstände

Eine Aufzählung dessen, was im einzelnen zum Unternehmerrecht und vollends zum Wirtschaftsrecht gehört, läßt sich erschöpfend nicht geben. Um aber gewisse Anhaltspunkte herauszustellen, um vor allem eine Anschauung über die Fülle des wirtschaftsrechtlichen Stoffes zu bieten, sei an dieser Stelle eine kurze Übersicht an Hand der oben erwähnten Darstellung von Hedemann über das Wirtschaftsrecht gegeben.

1. Staat und Wirtschaft
   Das Wechselverhältnis zwischen Staat und Wirtschaft hat sich im Lauf der Entwicklung gewandelt. Im Dritten Reich beherrschte der Staat, d. h. die

Partei, auch die Wirtschaft; heute soll sie aus dieser Bevormundung allmählich wieder gelöst werden, doch besteht vorerst noch stärkste staatliche Wirtschaftsplanung.

2. Wirtschafts-Rechtsordnung
Sie ist, wie oben schon bemerkt, durch eine Fülle von Einzelgesetzen und durchführenden Verordnungen geregelt. Dabei spielen die Generalklauseln eine große Rolle, ferner das W-Strafrecht (vor allem das Ordnungsstrafrecht), sowie das W-Polizeirecht.
3. Wirtschaftslenkung
Bedeutsam ist die Begrenzung von Preis und Lohn, grundlegend die Kontrolle des Zugangs zur W., ferner die Regulierung des Wettbewerbs, der Aufbau einer zentralen Marktordnung, die laufende Aufsicht über alle w. Vorgänge.
4. Staatliche Wirtschaftsverwaltung
Der Staat beteiligt sich selbst am Wirtschaftsleben. Er fördert die Sozialisierung, die weitgehend Verstaatlichung ist. Im Dritten Reich standen Autarkie und Kriegsausrichtung im Vordergrunde.
5. Eigenleben der Wirtschaft
Die wirtschaftliche Selbstverwaltung ist planvoll organisiert. Sie umfaßt auch Rechtsbildung und Rechtspflege. Fundamentale Faktoren sind Privateigentum, Boden und Urstoffe, Geld, Preise, Arbeitskraft, Betrieb. Rechtsgestaltungsmittel sind Vertrag, Geschäftsbedingungen, Zusammenschluß, Schiedsgerichtsbarkeit. Bisher spielten Kartelle und Konzerne eine große Rolle, heute ist deren „Entflechtung" vollzogen worden.
6. Ständische Gliederung
Sie verwirklichte sich im Dritten Reich durch Reichsnährstand, Gewerbeorganisation, Kulturkammer, Arbeitsfront. An Stelle dieser Zwangsbildungen treten jetzt wieder freie Verbände.

12. Kapitel

Privatrecht

Man unterscheidet allgemeines Privatrecht für alle Bürger — Bürgerliches Recht — und besonderes Privatrecht für Handelsleute und Handelsgesellschaften — Handelsrecht —

A. Geschichte

Bürgerliches Recht ist das Privatrecht für jedermann im Staate ohne Rücksicht auf Stand oder Beruf. Das deutsche bürgerliche Recht ist aus zwei verschiedenen Wurzeln erwachsen: aus dem römischen und aus dem altdeutschen Recht.

I. Römisches Recht

Das Recht des Römischen Weltreiches gelangte im Mittelalter durch den eigenartigen Rechtsvorgang der sog. Rezeption nach Deutschland. Die Rezeption vollzog sich zwischen Mitte des 15. und Mitte des 16. Jahrhunderts. Ihren Gegenstand bildete das spätnachklassische (byzantinische) römische Recht in der Gestalt, wie es im Mittelalter in Bologna und an anderen Rechtsschulen Italiens gelehrt wurde. Seinen schriftlichen Niederschlag hatte dieses Recht im

Corpus iuris civilis gefunden. Dieses große Quellenwerk besteht aus den Institutionen (533; Lehrbuch zur Einführung), den Digesten oder Pandekten (533; Zusammenfassung von Bruchstücken aus den Schriften der klassischen Juristen), dem Codex (534; Sammlung von ergänzenden kaiserlichen Verordnungen) und den Novellen (535 bis 565; ebenso). Gleichzeitig wurden das Corpus iuris canonici und die das langobardische Lehnrecht enthaltenden Libri feudorum rezipiert. Der in den größeren Zusammenhang der Renaissance einzustellende Vorgang der Rezeption vollzog sich gewohnheitsrechtlich, vor allem durch die Theorie der in Bologna studierenden Deutschen und durch die Praxis der deutschen Gerichte. Er erklärt sich namentlich daraus, daß das einheimische deutsche Recht ungeschrieben, wenig bekannt, schwer feststellbar, zudem zersplittert und schwierig zu handhaben, das fremde römische Recht dagegen geschrieben, einheitlich, kultiviert, leicht zu ermitteln und bequem anzuwenden war; überdies war es dem Kaiser als das Recht seiner römischen Vorgänger, den Landesherren als ein auf starke und straffe Staatsgewalt zugeschnittenes, daher Autorität gewährleistendes und Absolutismus begründendes Recht sehr willkommen.

II. Deutsches Recht

Das in Deutschland vor der Rezeption geltende Recht war einfach, ja primitiv, aber anschaulich und volkstümlich. Das germanische Recht lebte im Volksbewußtsein; es wurde gewohnheitlich im Wege der Rechtsprechung erhalten und fortgebildet; bezeichnend waren seine Zusammenhänge mit Sittlichkeit und Religion. Im Frankenreich trat zu der unmerklichen, stammesverschiedenen Entwicklung des Volksrechts die bewußte, ausdrückliche Fortbildung durch das für das ganze Reich einheitliche Königsrecht. Im früheren deutschen Mittelalter waren vor allem die verschiedenen Rechtskreise charakteristisch. Vom Landrecht hoben sich, es ausschließend, Stadt- und Hofrechte, es teilweise verdrängend Lehn- und Dienstrecht ab. In der Kurfürstenzeit ergab sich eine noch weitergehende Differenzierung solcher Rechtskreise. Damit wuchs ständig die Zersplitterung, Unübersichtlichkeit und Unsicherheit. Den einzigen Lichtblick gewährten die Aufzeichnungen im Sachsenspiegel und Schwabenspiegel des 13. Jahrhunderts.

III. Gemeines Recht

Das römische Recht wurde in Deutschland zwar auf den meisten Rechtsgebieten rezipiert, sollte aber nur subsidiär (aushilfsweise) gelten. Gleichwohl überwog es bald über das heimische Recht, das dem fremden Eindringling nicht widerstehen konnte. So siegte zugleich das geschriebene Juristenrecht über das ungeschriebene Volksrecht. Später erst trat eine gewisse Reaktion zugunsten des weithin verdrängten deutschen Rechts ein. Schließlich gelang eine allmähliche Angleichung, ja eine gewisse Verschmelzung zwischen beiden Rechten. Das Ergebnis dieses Prozesses bildete das „Gemeine Recht" des späteren Mittelalters. Der unbefriedigende Zustand der Nichtaufzeichnung dieses Mischrechts verlangte nach einer Kodifikation. Da das Reich versagte, fiel die Aufgabe den Reichsterritorien zu. Zuerst entstanden in den Städten die „Reformationen", später in den Ländern die „Landrechte". Das Gemeine Recht wurde durch sie anfänglich bloß ergänzt, bald aber abgelöst, d. h. mehr oder minder umfassend kodifiziert. Berühmte Beispiele sind: ALR. für Preußen 1794, Code civil 1804, badisches Landrecht 1809, Allg. BGB. für Österreich 1811, sächsisches BGB. 1863.

IV. Bürgerliches Gesetzbuch

Es brachte die gesamtdeutsche Rechtseinheit auf zivilrechtlichem Gebiete. Während des ganzen 19. Jahrhunderts verliefen die Kodifikationsbestrebungen im bürgerlichen Recht (anders im Handelsrecht; s. u. zu C) erfolglos. Die RVerf. 1871 begründete ursprünglich die Reichszuständigkeit nur für (Handelsrecht und) Schuldrecht. Erst die lex Lasker (1873) erstreckte die Reichskompetenz auf das gesamte bürgerliche Recht. Daraufhin entstand nach 22jähriger Arbeit — nicht als Geistesprodukt eines einzigen Kopfes (wie das schweizerische ZGB. 1907: Eugen Huber), sondern als „das anonyme Erzeugnis kollektiver Kommissionsarbeitet" (Radbruch) — das BGB. Es wurde ausgefertigt am 18. August 1896 und trat in Kraft am 1. Januar 1900. Seine 2385 Paragraphen führen eine äußerst gelehrte und abstrakte Sprache; sie sind weder anschaulich noch volkstümlich, reden echtes Juristen-, aber kein Volksdeutsch. Gleichwohl war das Ergebnis von überragender Bedeutung. Die Aufzeichnung des ganzen Zivilrechts war gelungen bis auf einige Reste, d. h. Vorbehalte zugunsten teils des Reichsrechts (EG. BGB. Art. 32 ff), teils des Landesrechts (EG. BGB. Art. 55 ff: „Verlustliste der deutschen Rechtseinheit"). Das BGB. hat die beiden historischen Stämme des auf deutschem Boden geltenden Rechts endgültig vereinigt, aber die Teile vielfach noch erkennbar gelassen; so ist das Sachenrecht und das Familienrecht überwiegend deutsch, das Schuldrecht vorwiegend römisch, das Erbrecht dagegen eine eigenartige, nicht durchweg gelungene Mischung.

B. Bürgerliches Recht

Einteilungsprinzip: Personen, Vermögen, Familie.

1. Personenrecht: Recht der natürlichen und juristischen Personen;
2. Vermögensrecht: Beziehung der Personen zu den Vermögensgütern, a) unmittelbar-dinglich: Sachenrecht nebst Urheberrecht, b) mittelbar durch andere Personen: Schuldrecht;
3. Familienrecht: Ausgestaltung a) des Personenrechts (Ehe, Familie, Verwandtschaft), b) des Vermögensrechts (Eheliches Güterrecht, Erbrecht).

Erstes Buch: Allgemeiner Teil

Es enthält das Personenrecht und die allgemeinen Lehren des Privatrechts, die gleicherweise für die weiteren Bücher des BGB., für das bürgerliche Recht überhaupt, ja für das Privatrecht überhaupt maßgebend sind.

1. Rechtssubjekte
   Rechtsfähig, d. h. mögliche Inhaber von subjektiven Rechten und von Pflichten sind natürliche Personen (Menschen) und juristische Personen; letztere teilt das BGB. in Vereine, Stiftungen und juristische Personen des öffentlichen Rechts. Die Neuregelung des Verschollenheitsrechts brachte ein Gesetz von 1939.
2. Rechtsobjekte
   Rechtsobjekte oder Gegenstände heißen solche Güter, die rechtlicher Beherrschung durch die Rechtssubjekte zugänglich sind. Körperliche Rechtsobjekte heißen Sachen. Unkörperliche Gegenstände sind besonders die Rechte.
3. Rechtsverhältnisse
   d. h. Beziehungen zwischen Personen untereinander und zwischen Personen und Sachen, entstehen durch rechtmäßiges oder durch rechtswidriges Verhalten. Das rechtmäßige Handeln pflegt man als Rechtshandlung zu bezeichnen. Von den Rechtshandlungen schlechthin hebt sich die wichtige Gruppe der Rechtsgeschäfte ab.

a) Die Lehre von den Rechtsgeschäften bildet das Kernstück des „Allgemeinen Teils“. Unter Rechtsgeschäften versteht man Tatbestände, zu denen (möglicherweise neben anderen Elementen) Willenserklärungen gehören, die auf Gestaltung (Begründung, Änderung, Aufhebung) von Rechtsverhältnissen gerichtet sind. Persönliche Voraussetzung ist die Geschäftsfähigkeit. Das Gesetz kennt Fälle von Geschäftsunfähigkeit und solche von beschränkter Geschäftsfähigkeit. Ein Rechtsgeschäft kommt durch mangelfreie Erklärung eines mangelfreien Willens zustande. Mängel in Wille oder Erklärung begründen teils Nichtigkeit, teils Anfechtbarkeit des Geschäfts. Es gibt einseitige und zweiseitige Rechtsgeschäfte (Verträge). Besonders geregelt ist die Beifügung einer Bedingung oder Zeitbestimmung, die Erklärung durch einen Vertreter (mit oder ohne Vertretungsmacht), die Zustimmung eines Dritten, die vorgängig als Einwilligung, nachträglich als Genehmigung bezeichnet wird.

b) Das unerlaubte Verhalten dafür verantwortlicher („deliktsfähiger“) Personen ist im Zweiten Buch des BGB. behandelt. Eine Haftung aus unerlaubter Handlung ist regelmäßig durch Verschulden bedingt. Verschulden kann in vorsätzlichem oder grob- oder leichtfahrlässigem Verhalten bestehen.

c) Eine wichtige rechtserhebliche Tatsache ist die Zeit und der Zeitablauf. Demgemäß enthält der Allgemeine Teil noch Vorschriften über Fristen, Termine, Verjährung.

4. Die Durchsetzung der subjektiven Rechte ist im Allgemeinen Teil nicht geregelt, sondern der Zivilprozeßordnung überlassen. Neben dem grundsätzlichen Staatsschutz bestehen nur noch Reste von Selbstschutz. Darüber trifft das BGB. unter den Stichworten „Ausübung der Rechte, Selbstverteidigung, Selbsthilfe“ einige wichtige Bestimmungen.

Zweites Buch: Recht der Schuldverhältnisse

Schuldverhältnis ist ein Rechtsverhältnis zwischen Personen, nicht zwischen Person und Sache. Es begründet ein iuris vinculum (Band des Rechtes) zwischen Personen ohne Beziehung zu Sachgütern. Es gewährt nur persönliche Ansprüche, keine unmittelbar-dingliche Sachherrschaft. Es berechtigt den Gläubiger und verpflichtet den Schuldner zu einer bestimmten Leistung, verbindet aber mit dem Leistensollen („Schuld“) das Einstehenmüssen („Haftung“). Das Zweite Buch des BGB. gliedert sich in sieben Abschnitte. Davon lassen sich die ersten sechs Abschnitte als allgemeiner Teil des Schuldrechts bezeichnen, während der 7. den besonderen Teil des Schuldrechts enthält. Der allgemeine Teil stellt gewissermaßen, aber nur für die Schuldverhältnisse, die Fortsetzung des Ersten Buches des BGB. dar.

1. Der Allgemeine Teil des Schuldrechts behandelt zunächst den Inhalt der Schuldverhältnisse schlechthin, insbesondere die Verpflichtung zur Leistung (namentlich Einfluß von „Treu und Glauben“ und Verkehrssitte; Schuld und Haftung; Lehre vom Schadenersatz; Inhalt, Ort und Zeit der Leistung; Unmöglichkeit der Leistung; Schuldnerverzug; Rechtshängigkeit) und den Verzug des Gläubigers. Sondervorschriften betreffen die Schuldverhältnisse aus Verträgen, nämlich Begründung und Inhalt des Vertrages, die Lehre vom gegenseitigen Vertrag (Leistungsverweigerung, Unmöglichkeit, Verzug), das Leistungsversprechen an Dritte, die Draufgabe und Vertragsstrafe, den Rücktritt vom Vertrag. Ein Schuldverhältnis erlischt

durch Erfüllung oder Annahme an Erfüllungsstatt, durch Hinterlegung, durch Aufrechnung, durch Erlaß. Ein Schuldverhältnis kann seinen Gläubiger durch Forderungsübertragung, seinen Schuldner durch Schuldübernahme wechseln. Möglich ist eine Mehrheit von Schuldnern oder von Gläubigern. Bei der Gestaltung des Inhalts der Schuldverhältnisse sind die Beteiligten, von gewissen Schranken abgesehen, frei: Grundsatz der Vertragsfreiheit.

2. Der Besondere Teil des Schuldrechts ist im BGB. (Abschnitt 7, Titel 1 bis 25) nicht ganz erschöpfend geregelt. Das BGB. normiert nur „einzelne Schuldverhältnisse"; andere sind durch Sondergesetze geordnet; wieder andere können zufolge des Grundsatzes der Vertragsfreiheit durch Parteivereinbarung gestaltet werden.
   a) Das BGB. kennt folgende Einzeltypen von Schuldverhältnissen: Kauf und Tausch, Schenkung; Miete und Pacht, Leihe; Darlehen, Leibrente; Dienstvertrag, Werkvertrag, Mäklervertrag, Auslobung, Auftrag, auftraglose Geschäftsführung, Verwahrung, Gastwirtsvertrag; Gesellschaft und Gemeinschaft; Spiel, Wette, Bürgschaft, Vergleich; Schuldversprechen und Schuldanerkenntnis, Anweisung, Inhaberschuldverschreibung; ungerechtfertigte Bereicherung, unerlaubte Handlungen.
   b) In anderen Gesetzen sind namentlich kaufähnliche Geschäfte, Verlagsvertrag, Lotterie- und Ausspielvertrag, Versicherungsvertrag u. a. geregelt.

Drittes Buch: Sachenrecht

Sachen im Sinne des Gesetzes sind nur körperliche Gegenstände. Das Sachenrecht verleiht einer Person eine unmittelbar dingliche Rechtsmacht über Sachen.

1. Vom Eigentum unterscheidet sich der Besitz als selbständiges Recht; die tatsächliche, unmittelbare oder mittelbare Sachherrschaft genießt als solche einen eigenen, wenn auch nur einstweiligen Rechtsschutz.
2. Besitz ist Minderrecht, Eigentum ist Vollrecht. Eigentum gewährt die grundsätzlich schrankenlose dingliche Sachherrschaft über Immobilien oder Mobilien. Für Immobiliar- und Mobiliareigentum gelten die Grundsätze der Publizität (Grundbuch, Besitz) und des guten Glaubens. Verschieden sind dagegen die Erwerbs- und Verlustgründe geordnet. Das BGB. stellt zunächst allgemeine Vorschriften über Rechte an Grundstücken auf; ihr volles Verständnis ist durch die Verbindung mit dem Grundbuchrecht bedingt. Es normiert sodann das Eigentum nach Inhalt und Schranken, nach Erwerb und Verlust einerseits bei Grundstücken, anderseits bei beweglichen Sachen (Übertragung; Ersitzung; Verbindung, Vermischung, Verarbeitung; Erzeugniserwerb; Aneignung; Fund), endlich nach den daraus entspringenden Ansprüchen. Einen besonderen Fall bildet das Miteigentum.
3. Von dinglichen Rechten an fremden Sachen, vereinzelt auch Rechten, kennt und regelt das BGB.:
   a) als Nutzungsrechte: Erbbaurecht und Dienstbarkeiten: Grunddienstbarkeiten, Nießbrauch, beschränkte persönliche Dienstbarkeiten;
   b) als Warterecht: das dingliche Vorkaufsrecht;
   c) als Wertrechte: die Reallast, die Hypothek nebst Grund- und Rentenschuld, das Pfandrecht an beweglichen Sachen und an Rechten.
   d) Über die Rechte an eingetragenen Schiffen und Schiffsbauwerken erging ein Gesetz 1940.

4. Anhang I: Das Recht an unkörperlichen Gegenständen, Immaterialgüterrecht oder auch „geistiges Eigentum“ genannt, ist nicht im BGB., sondern in Spezialgesetzen behandelt. Man unterscheidet Urheber- und Erfinderrecht.
   a) Urheberrecht gliedert sich in literarisches Urheberrecht an Schöpfungen der Literatur und Tonkunst (RG. 1901/1910), künstlerisches Urheberrecht an Schöpfungen der bildenden Künste und der Photographie (RG. 1907), kunstgewerbliches Urheberrecht an sogenannten Geschmacksmustern (RG. 1876).
   b) Erfinderrecht. Dieses zerfällt in Patentrecht an „Patenten“ gemäß RPatentG. 1936 und Gebrauchsmusterrecht an „Gebrauchsmustern“ gemäß RG. 1936.
5. Anhang II: Eigene Gesetze behandeln das Bergrecht, das Erbpachtrecht, das Erbbaurecht.

Viertes Buch: Familienrecht

Das Gebiet der Ehe und Familie ist dem Recht nur bedingt und beschränkt zugänglich. Es wird von ihm nur teilweise erfaßt und mit großer Zurückhaltung geordnet.

1. Das Recht der Ehe beruht auf den Grundsätzen der Einehe (Monogamie) und der „bürgerlichen“ — im Gegensatz zur „kirchlichen“ — Ehe. Das BGB. regelt nur die weltliche Seite der Ehe und läßt die kirchlichen Verpflichtungen in Ansehung der Ehe unberührt. Seine Bestimmungen über die Ehe lassen sich in Ehepersonenrecht und Ehegüterrecht gliedern. Ersteres umfaßt die Lehren vom Verlöbnis, von der Eingehung der Ehe, ihrer Nichtigkeit und Anfechtbarkeit wegen Ehehindernissen, von den persönlichen Wirkungen der Ehe und von der Aufhebung, insbesondere der Scheidung der Ehe. Dieses Ehepersonenrecht erfuhr eine zusammenhängende Neuregelung durch das Ehegesetz der Reichsregierung von 1938, an dessen Stelle neuestens das entnazisierende Ehegesetz des Kontrollrates von 1946 getreten ist. Beim ehelichen Güterrecht sind das gesetzliche Güterrecht der Verwaltung und Nutznießung des Mannes (in einigen Fällen Gütertrennung) und die vertragsmäßigen Güterrechte (Allgemeine Gütergemeinschaft, Errungenschaftsgemeinschaft, Fahrnisgemeinschaft, Gütertrennung) zu unterscheiden.
2. Das Verwandtschaftsrecht umfaßt die Vorschriften über die eheliche Abstammung, die Unterhaltspflicht, die Rechtstellung der ehelichen Kinder, der Kinder aus nichtigen Ehen sowie der unehelichen Kinder, die Legitimation letzterer, die Annahme an Kindes Statt.
3. Eine Vormundschaft wird über Minderjährige mangels elterlicher Gewalt und über entmündigte Volljährige geführt; sie begründet eine Fürsorge für Person und Vermögen des Mündels. Der Ergänzung der elterlichen Gewalt oder der Unterstützung Gebrechlicher oder der Sicherung von Vermögensansprüchen dient die eine zweckbeschränkte Fürsorge gewährende „Pflegschaft“.

Fünftes Buch: Erbrecht

Seinen Gegenstand bildet das Schicksal der menschlichen Güter nach dem Tode. Sein Grundprinzip ist die letztwillige Verfügungsfreiheit.

1. Die Erbfolge kann auf Gesetz oder auf letztwilliger Verfügung beruhen. Die gesetzliche Erbfolge der Verwandten und des Ehgatten ist genau fest-

gelegt. Die gewillkürte Erbfolge gründet sich auf (einseitiges) Testament oder (zweiseitigen) Erbvertrag. Beide Rechtsgeschäfte sind nach Subjekt, Inhalt und Wirkung eingehend geregelt; doch wurden die bisherigen Bestimmungen des BGB. durch das Testamentsgesetz von 1938 ersetzt. Die wichtigste Schranke für die Errichtung von Testamenten und Erbverträgen bildet das Pflichtteilsrecht der Abkömmlinge, der Eltern und des Ehegatten. Dieses Recht entfällt jedoch, wie überhaupt das Erbrecht, bei Erbunwürdigkeit und Erbverzicht.

2. Die Erbfolge i. w. S. kann Gesamt- und Einzelnachfolge sein.
   a) Eine Gesamtfolge in die Rechtsstellung des Erblassers tritt nur der „Erbe" als Universalsukzessor an. (Universalsuccession = Gesamtrechtsnachfolge). Der Erbe rückt in die Stellung des Erblassers hinsichtlich dessen Vermögens ein, in universum ius defuncti succedit. Erben sind kraft gesetzlicher Erbfolge die Verwandten und der Ehegatte, letztlich der Fiskus; kraft gewillkürter Erbfolge die eingesetzten Erben, möglicherweise ein Ersatzerbe oder ein Nacherbe.
   b) Eine Einzelfolge treten Vermächtnisnehmer und Pflichtteilsberechtigte an; solche Singularsuccessoren haben kein unmittelbares Erbrecht i. e. S., sondern nur einen persönlichen obligatorischen Anspruch gegen den Erben: Der vermachte Gegenstand muß dem Vermächtnisnehmer usw. erst vom Erben übereignet werden.
3. Die Rechtsstellung des Erben. Der Anfall der Erbschaft erfolgt unbeschadet des Ausschlagungsrechts. In der Schwebezeit greift die Fürsorge des Nachlaßgerichts ein. Nach Annahme der Erbschaft ist ein Hauptproblem die Haftung des Erben für die Nachlaßverbindlichkeiten. Der Erbe hat diese grundsätzlich zu erfüllen. Das Gesetz sieht aber die Möglichkeit vor, die Haftung auf die Erbschaft zu beschränken durch Aufgebot der Nachlaßgläubiger, Nachlaßverwaltung, Nachlaßkonkurs. Besonders geregelt ist die Haftung von Miterben (Erbengemeinschaft) für die Nachlaßverbindlichkeiten vor und nach der Auseinandersetzung. Das Erbrecht ist Drittbesitzern gegenüber durch den „Erbschaftsanspruch" geschützt. Dem Nachweis des Erbrechts dient der auf Antrag vom Nachlaßgericht ausgestellte „Erbschein".

III. Methode

Die abstrakte und gelehrte Formulierung macht das BGB. für den Juristen zum Hauptgebiet rechtsdogmatischer Konstruktion. Darum herrscht bei seiner Auslegung und Anwendung die juristische Methode vor, der gegenüber historische, teleologische und dynamische Methode in den Hindergrund treten.

C. Handelsrecht

I. Begriff und Quellen

1. Handelsrecht ist das Sonderprivatrecht für den Handelsstand. Handel ist die auf Güterumsatz gerichtete gewerbliche Tätigkeit. Das Bedürfnis nach Sonderregeln besteht auch in anderen Zweigen der Wirtschaft, namentlich in der Industrie. Darum beschränkt sich der Geltungsbereich des Handelsrechts nicht auf den Handelsstand, sondern erfaßt z. T. auch die rechtlichen Verhältnisse der Industrie. Das Handelsrecht umfaßt i. w. S. öffentlich-rechtliche und privatrechtliche Vorschriften. Jene gehören in das

Verwaltungsrecht, diese stellen die Sonderdisziplin des Handelsrechts i. e. S. dar. Dieses Handelsrecht bildet einen Rechtszweig eigner Prägung, aber doch kein geschlossenes Rechtssystem; denn subsidiär sind die Rechtsverhältnisse auch der Kaufleute und der Handelsgesellschaften nach dem allgemeinen Privatrecht, dem bürgerlichen Recht, zu beurteilen.

2. Regelung

In gewissem Sinne war schon das römische ius gentium*) als Sonderrecht für den Verkehr der römischen mit fremden Kaufleuten Handelsrecht. In größerem Umfange entstand im Mittelalter ein eigenes Standesrecht der Kaufmannschaft und der kaufmännischen Gilden. In der Neuzeit war das Gebiet des Handels das erste, auf dem, wenn auch nur in Gestalt übereinstimmenden Landesrechts, Rechtseinheit in Deutschland erzielt wurde: Allgemeine Deutsche Wechselordnung 1849, Allgemeines Deutsches Handelsgesetzbuch 1861. Nach der Bundesstaatsgründung (1867/71) wurden diese gleichlautenden, auch in Österreich geltenden Landesgesetze für Deutschland einheitliches Bundes- bzw. Reichsrecht. Die Reichskompetenz zur Regelung des Handelsrechts bestand, anders als im bürgerlichen Recht, von Anfang an. Das BGB. machte eine Neubearbeitung des Handelsrechts notwendig. Das neue HGB. vom 10. Mai 1897, in Kraft seit 1. Januar 1900, ist nicht mehr so sehr Sonderrecht der Handelsgeschäfte als vielmehr des Handelsstandes. Auch das Handelsrecht ist im HGB. nur hauptsächlich kodifiziert, restlos in einer Reihe von handelsrechtlichen Nebengesetzen (z. B. für Akt.-Ges., GmbH., Genossenschaften, Binnenschiffahrt) geregelt. Neben das geschriebene tritt das Handelsgewohnheitsrecht, das wiederum vom bloßen Handelsbrauch (Handelssitte) zu unterscheiden ist.

II. Inhalt

1. Kaufleute und ihr Hilfspersonal

a) Kaufmann ist, wer selbständig ein Handelsgewerbe betreibt. Es gibt Kaufleute kraft Gesetzes (die ein sog. Grundhandelsgeschäft, z. B. Warenumsatz, betreiben) und Kaufleute kraft Eintragung (obligatorisch wegen kaufmännischer Betriebsweise des Gewerbes, fakultativ wegen Betriebs eines Nebengewerbes neben Land- oder Forstwirtschaft), kürzer ausgedrückt: Muß-, Kann- und Sollkaufleute. Die Eintragung erfolgt im Handelsregister, das beim Amtsgericht geführt wird. Sie hat nach dem vorigen entweder rechtsfeststellende oder rechtsbegründende Wirkung. Neben den „Vollkaufleuten“ kennt das Gesetz „Minderkaufleute“; dazu gehören Handwerker und sonstige Kleingewerbetreibende. Auch Frauen, Kinder können Kaufmann sein. Das Handelsunternehmen eines Kaufmanns als Ganzes ist das kaufmännische Geschäft. Der Name unter dem ein Vollkaufmann sein Geschäft betreibt, heißt „Firma“.

b) Das Hilfspersonal des Kaufmanns

Handlungsgehilfe ist, wer im Handelsgewerbe eines Kaufmanns zwecks Leistung kaufmännischer Dienste entgeltlich angestellt ist. Handlungsbevollmächtigter ist, wer von einem Kaufmann eine Vollmacht zum Ab-

*) Das römische Recht kannte zwei Arten des Rechtes: ius civile, das nur für römische Bürger (cives) galt, und ius gentium (Recht der fremden Leute, fremden Völker), das für Nichtrömer und Römer galt.

schluß einer Mehrheit von Geschäften erhalten hat. Eine besonders weitgehende Handlungsvollmacht verleiht die sog. Prokura. Handlungsagent ist ein selbständiger Kaufmann, der ständig damit betraut ist, für das Handelsgewerbe eines anderen Kaufmanns Geschäfte zu vermitteln oder in dessen Namen abzuschließen. Handelsmäkler ist der Kaufmann, der gewerbsmäßig Geschäfte über Gegenstände des Handelsverkehrs für andere vermittelt, ohne, wie der Agent, von einem Kaufmann hiermit ständig betraut zu sein.

2. Handelsgesellschaften

Sie fallen grundsätzlich unter die Gesellschaftstypen des BGB.; ihre Rechtsverhältnisse bestimmen sich aber primär nach Handels-, subsidiär nach bürgerlichem Recht. Die „Stille Gesellschaft" ist zwar z. T. im HGB. geregelt, nimmt aber insofern eine Sonderstellung ein, als der Gesetzgeber sie nicht als Handelsgesellschaft angesehen wissen will, so daß die für letztere allgemein geltenden Vorschriften auf sie keine Anwendung finden.

a) Handelsgesellschaften ohne Rechtsfähigkeit, mit Gesamthandverhältnis.

aa) Bei der offenen Handelsgesellschaft haftet jeder Gesellschafter für die im Geschäftsbetriebe entstehenden Verbindlichkeiten unbeschränkt.

bb) Bei der Kommanditgesellschaft ist die Haftung der sog. Kommanditisten auf die Vermögenseinlage beschränkt, die der Komplementäre dagegen unbeschränkt.

b) Handelsgesellschaften mit Rechtsfähigkeit (Kapitalgesellschaften).

aa) Die Aktiengesellschaft, deren umfassende Neuordnung das Aktiengesetz von 1937 brachte, ist die auf ein in Kapitalanteile (Aktien) zerlegtes Grundkapital gegründete rechtsfähige Kapitalgesellschaft, deren Mitglieder (Aktionäre) sämtlich mit Einlagen beteiligt sind, ohne persönlich für die Verbindlichkeiten zu haften. Eine Nachschußpflicht der Aktionäre über ihre Einlagen hinaus besteht nicht. Die Vertretung nach außen hat der Vorstand unter gewisser Kontrolle des Aufsichtsrats und der mindestens jährlich einmal zusammentretenden Generalversammlung der Aktionäre.

bb) Die gleichfalls im Aktiengesetz geregelte Kommanditgesellschaft auf Aktien ist auch eine rechtsfähige Kapitalgesellschaft, doch haftet bei ihr mindestens ein Mitglied unbeschränkt, während die übrigen Gesellschafter nur mit Einlagen auf das in Aktien zerlegte Grundkapital beteiligt sind.

cc) Bei der GmbH. sind wieder sämtliche Mitglieder mit „Geschäftsanteilen" am Stammkapital beteiligt, ohne persönlich zu haften. RG. von 1892.

dd) Erwerbs- und Wirtschaftsgenossenschaften sind rechtfähige, auf Förderung des Erwerbs oder der Wirtschaft ihrer Mitglieder mittels gemeinsamen Geschäftsbetriebs gerichtetete Handelsgesellschaften von nicht geschlossener Mitgliederzahl mit drei möglichen Haftungsweisen: mit unbeschränkter Haftpflicht, mit unbeschränkter Nachschußpflicht, mit beschränkter Haftpflicht. RG. von 1889.

3. H a n d e l s v e r k e h r

   a) Gegenstände des Handelsverkehrs sind Waren (bewegliche Sachen) und Wertpapiere (Rekta-, Order- und Inhaberpapiere). Der Schutz des gutgläubigen Erwerbs und die Sicherung durch gesetzliches Pfandrecht und durch Zurückbehaltungsrecht reichen im Handelsrecht weiter als im bürgerlichen Recht.

   b) Handelsgeschäfte sind sämtliche Geschäfte, die ein Kaufmann im Betrieb seines Handelsgewerbes vornimmt. Man unterscheidet Grundhandelsgeschäfte (HGB. § 1) und Nebenhandelsgeschäfte, ein- und zweiseitige Handelsgeschäfte. Wichtigstes Auslegungsmittel ist die Handelssitte (Usance). Von den Formvorschriften des BGB. bestehen einige Ausnahmen, so für die Bürgschaft. Auch für Abschluß, Inhalt und Erfüllung der Handelsgeschäfte gelten einige Abweichungen vom BGB. Typische Handelsgeschäfte sind z. B. Handelskauf, Kredit- und Zahlungsgeschäfte, Börsengeschäfte, Kommissions-, Speditions-, Lager- und Frachtgeschäfte, Güter- und Personenbeförderung.

4. S c h i f f a h r t : See- und Binnenschiffahrtshandel

   a) Das Seehandelsrecht umfaßt die privatrechtlichen Sondervorschriften (insbesondere Frachtrecht) über die Handelsschiffahrt zur See. Vgl. HGB. Buch IV.

   b) Das Binnenschiffahrtshandelsrecht enthält die besonderen Bestimmungen über die Handelsschiffahrt auf Binnengewässern. Vgl. RG. betreffend die privatrechtlichen Verhältnisse der Binnenschiffahrt (1895/98) und RG. betreffend die privatrechtlichen Verhältnisse der Flößerei. (1895).

   c) Einzelheiten: Besondere Begriffe des Schiffahrtsrechts sind Schiff, Schiffer, Reeder (Schiffseigner), Reederei; besondere Geschäfte sind See- und Binnenfrachtgeschäft und Seeversicherung; ferner haben Haverei, Zusammenstoß sowie Bergung und Hilfeleistung in Seenot eine besondere Regelung gefunden.

III. Anhang: Wechsel und Scheck

Wechsel- und Scheckrecht — genauer: Recht der Wertpapiere — steht zwischen Handels- und bürgerlichem Recht; es ist nach der rechtlichen Gestaltung handelsrechtliche Materie, nach der praktischen Anwendung dagegen nicht Sondergut der Kaufleute, sondern Gemeingut aller Bürger.

1. W e c h s e l . Rechtsquelle: WGesetz 1933.

   a) B e g r i f f . Der Wechsel ist das „Papiergeld der Kaufleute“. Der Wechsel (die Tratte) wird vom Aussteller (Trassanten) auf den Bezogenen (Trassaten) ausgestellt („gezogen“) und dem Empfänger (Remittenten) ausgehändigt („begeben“), welcher dadurch berechtigt und ermächtigt wird, die Wechselsumme sofort oder am Verfalltage gegen Aushändigung des Wechsels zu erheben. Der Wechsel ist ein geborenes, rechtsförmliches Orderpapier, das die abstrakte Zahlung einer bestimmten Geldsumme zum Gegenstand hat. Wesentliche Merkmale des Wechsels sind die Bezeichnung als „Wechsel“ sowie die Angabe von Geldsumme, Remittent, Zahlungszeit, Aussteller, Datum, Bezogener, Zahlungsort.

b) E i n z e l h e i t e n. Neben dem gezogenen Wechsel (Tratte) gibt es den eigenen (Sola-)Wechsel. Der Aussteller verspricht bei ersterem Zahlung durch einen Dritten, bei letzterem Selbstzahlung. Die Wechselfähigkeit entspricht der Geschäftsfähigkeit. Der Wechsel ist durch „Indossament" übertragbar. Die schriftliche Annahme des Wechsels durch den Bezogenen heißt „Akzept". Mangels Zahlung wird der Wechsel „protestiert". Der nicht befriedigte Wechselgläubiger nimmt „Regreß". Für das gerichtliche Verfahren besteht eine summarische Prozeßart, der „Wechselprozeß".

2. S c h e c k. Rechtsquelle: ScheckG. 1933.
Der Scheck dient nicht, wie der Wechsel, zugleich dem Kredit-, sondern ausschließlich dem Zahlungszweck. Er ist demgemäß viel einfacher als der Wechsel gestaltet. Seine wesentlichen Merkmale sind nur: „Scheck", Zahlungsanweisung, Ort und Datum der Ausstellung, Unterschrift des Ausstellers. Er setzt das Vorhandensein eines Guthabens bei einer dritten Person, in der Regel bei einer Bank, voraus; der Vertrag mit der Bank kommt durch Aushändigung des Scheckbuches zustande. Akzept ist ausgeschlossen, Indossament zulässig. Der Scheck ist bei Sicht an den namentlich Benannten oder den Überbringer zahlbar. „Verrechnungs"schecks werden nicht ausbezahlt, sondern gutgeschrieben.

3. Die Rechtsverhältnisse bei Verwahrung und Anschaffung von Wertpapieren regelt das sog. D e p o t g e s e t z in der Fassung von 1937.

* * *

Grau, teurer Freund, ist alle Theorie,
Und grün des Lebens goldner Baum.

Printed by Printforce, the Netherlands